Helmut Fischer
Musste Jesus f

TVZ

Helmut Fischer

Musste Jesus für uns sterben?

Deutungen des Todes Jesu

T V Z

Theologischer Verlag Zürich

Die Deutsche Bibliothek – Bibliografische Einheitsaufnahme

Die Deutsche Bibliothek verzeichnet diese Publikation in der
Deutschen Nationalbibliografie; detaillierte bibliografische Daten
sind im Internet über http://dnb.ddb.de abrufbar.

Umschlaggestaltung
Simone Ackermann, Zürich unter Verwendung von
Paul Gauguin, «Portrait de l'artiste au Christ jaune»,
Öl auf Leinwand, 30 x 46 cm, 1889;
Musée d'Orsay, Paris

Bibelzitate nach: Zürcher Bibel 2007

Druck
ROSCH-BUCH GmbH, Scheßlitz

ISBN 978-3-290-17469-9
© 2008 Theologischer Verlag Zürich

Inhaltsverzeichnis

Welche Deutung soll gelten?

Hinführung

Für Jesu Sterben steht das Symbol des Kreuzes. Es ist seit urchristlicher Zeit und bis heute weltweit das zentrale Symbol des christlichen Glaubens. Das zeigt an, dass Jesu Tod am Kreuz in allen christlichen Konfessionen als das zentrale Heilsereignis verstanden und am Karfreitag gefeiert wird. Wir finden das Kreuzsymbol nicht nur in den meisten christlichen Gebäuden an hervorragender Stelle. Der Kreuzestod Jesu wird in vielfältigen liturgischen Texten zur Sprache gebracht und in den Kirchenliedern aller Epochen als das Ereignis unseres Heils und unserer Errettung dankbar besungen

In der kirchlichen Sprache begegnet uns in immer neuen Wendungen die Formel, Jesus sei *für uns* gestorben. Falls wir es nicht selber tun, so wird uns ein unbefangenes Kind oder ein unkirchlicher Zeitgenosse fragen: Warum eigentlich für uns? Die Antwort *für unsere Sünden* wird dem ernsthaft Fragenden keine Antwort sein, sondern allenfalls Anlass für weitere Fragen geben. Warum musste er überhaupt auf so gewaltsame Weise einen Verbrechertod sterben? Was hat sein Tod mit uns, gar mit uns heute, zu tun? Und erst recht mit unserer Sünde? Und was soll man von einem Gott halten, dem für das Heil der Menschen offenbar nichts anderes einfällt als ein Menschenopfer? Die Spötter und Religionsskeptiker haben es leicht zu begründen, dass sie mit einem Gott, der seinen Sohn hinschlachten lässt, nichts zu tun haben möchten.

Wer sich diesen Fragen aussetzt, der wird für sich keine schnellen Antworten finden und der wird auch von anderen keine schnellen Antworten erwarten. Viele Antworten, die wir suchen, sind als fertige Ergebnisse überhaupt nicht zu haben. Sie erschließen sich dem Suchenden nur auf einem Erkenntnisweg, den er – auch mit einem zuverlässigen Wegführer – letztlich doch selber gehen muss.

Was wissen wir historisch über den Tod Jesu?

Die politischen Verhältnisse als Verstehenshintergrund

Judäa mit der Hauptstadt Jerusalem war seit 63 v. Chr. ein von den Römern besetztes Land. Im Jahr 6 n. Chr. wurden hier auch die Reste einer jüdischen Eigenstaatlichkeit beseitigt. Judäa wurde eine römische Provinz, die von römischen Prokuratoren verwaltet wurde. Es gab keinen jüdischen König mehr. Der römische Prokurator residierte in Cäsarea und zog nur an hohen jüdischen Feiertagen nach Jerusalem hinauf, um im Falle von Unruhen im Zusammenhang mit den vielen Pilgern schnell zur Stelle zu sein. Normalerweise wurde Jerusalem nur von einem römischen Kommando in der Burg Antonia überwacht.

Das Judentum hatte im Römischen Reich bereits den Rechtsstatus einer erlaubten Religion und stand damit unter dem Rechtsschutz des römischen Staates. So konnte die Jerusalemer Kultgemeinde ihre Angelegenheiten ohne Eingriffe der Römer eigenständig ordnen, durfte allerdings keine Todesurteile fällen und vollstrecken. Der Hohe Rat (Synhedrium), der aus siebzig hochrangigen Priestern, Ältesten und Schriftgelehrten bestand, war die oberste religiöse und richterliche Behörde in Jerusalem. Der Hohe Priester war auch der politische Vertreter der Judäer gegenüber dem römischen Statthalter.

Römischer Prokurator in der Zeit von 26–36 war Pontius Pilatus. Er wurde von dem jüdischen Philosophen Philo von Alexandrien als bestechlich, gewalttätig und grausam charakterisiert, mit wenig Gespür für das religiöse Empfinden der Juden.

Jesu Tod ist gut belegt

Vor diesem politischen Hintergrund fragt der faktengläubige Zeitgenosse als Erstes nach dem, was wir historisch gesichert über Jesu Tod wissen. Diese Frage führt sehr direkt und sehr schnell zu der Erkenntnis, dass Jesu Tod am Kreuz ein historisch unbestrittener Tatbestand ist und nicht eine religiöse Fiktion, wie immer wieder behauptet worden ist. Es hat ja bis in die Gegenwart nicht an Versuchen gefehlt, die ganze Person Jesu als eine Konstruktion von Theologen, als Wunschbild einer frommen Phantasie oder als einen zeitlosen Mythos darzustellen. Deshalb seien gleich zu Beginn die Zeugnisse von zwei der bedeutendsten Historiker ihrer Zeit in Erinnerung gerufen, einem Juden und einem Römer. Beide standen in kritischer und ablehnender Distanz zum Christentum, und sie schrieben Geschichte jeweils aus der Sicht ihres Volkes. Sie sind über jeden Verdacht erhaben, christliche Propaganda zu betreiben.

Der jüdische Historiker *Josephus* (37/38 – nach 100) berichtet in seiner 93 erschienenen Weltgeschichte des jüdischen Volkes in einer kurzen Notiz von Jesus, von den Anfängen der Jesusbewegung und den ersten christlichen Gemeinden. Er charakterisiert Jesus als einen weisen, tugendhaften Mann, der viele Jünger unter Juden und aus anderen Völkern hatte. Dieser Jesus sei dann von Pontius Pilatus, dem römischen Prokurator, zum Tod durch Kreuzigung verurteilt und hingerichtet worden.

Der römische Aristokrat und Geschichtsschreiber *Tacitus* (55/56 – etwa 120), der hohe römische Staatsämter bekleidete und auch Prokonsul in Asien war, berichtet in seinen Annalen von dem verabscheuungswürdigen Aberglauben der «Christiani» im Zusammenhang mit deren

Verfolgung durch Kaiser Nero, der die Christen für den Brand Roms im Jahre 64 verantwortlich machte. Tacitus schreibt: «Der Name ‹Christiani› stammt von Christus, der unter Kaiser Tiberius vom Prokurator Pontius Pilatus hingerichtet worden war.» (Annales 15,44,3)

Beide nichtchristliche Autoren dokumentieren aus je ihrer Sicht, aber in der Sache übereinstimmend, dass Jesus das Haupt einer Jüngergemeinde war, und dass er durch den römischen Prokurator Pontius Pilatus in Jerusalem zum Tod durch Kreuzigung verurteilt und hingerichtet wurde. Für Juden und Römer war dieses Ereignis in jener Zeit kaum der Rede wert. Für die Jünger Jesu war es ein Ereignis von historischer Tragweite. In der späteren Geschichte der Kirche sollte Jesu Tod als ein tödliches Instrument zur Verfolgung der Juden missbraucht werden. Was also kann als historisch gesichertes Wissen über die Umstände des Todes Jesu gelten?

Die Rechtslage

Die Rechtslage für die Zeit des Todes Jesu ist bekannt und eindeutig. Die Kapitalgerichtsbarkeit, also das Recht, ein Todesurteil auszusprechen und zu vollstrecken, lag zu jener Zeit in der Hand der Römer. Im Johannesevangelium (18,31) sagen die Juden historisch zutreffend: «Uns ist nicht erlaubt, jemanden hinzurichten.» So besteht kein Zweifel: Das Todesurteil über Jesus und Jesu Hinrichtung war rechtlich gesehen ausschließlich Sache der römischen Besatzungsmacht. Das Todesurteil konnte nur der oberste Gerichtsherr der Provinz Judäa, der Prokurator Pilatus, aussprechen, und das Urteil konnte nur von römischen Vollzugsbeamten vollstreckt werden.

Die Kreuzigung war zur damaligen Zeit eine römische Vollzugsform der Todesstrafe. Sie galt, abgesehen von ihrer unvorstellbaren Grausamkeit, als die schimpflichste Strafe der Alten Welt, die von den Römern besonders für Sklaven und für nichtrömische Aufrührer und Verbrecher vorgesehen war. Die jüdische Form der Hinrichtung war die Steinigung oder die Enthauptung. So ist auch Jesu Tod durch Kreuzigung ein sicheres Indiz dafür, dass sein Prozess, sein Todesurteil und seine Hinrichtung rechtlich gesehen in der alleinigen Verantwortung der römischen Justizbehörden lagen.

Wie kam es zur Verurteilung?

Jesu Auftreten führt zum Konflikt

Nicht so eindeutig wie die Rechtslage ist die Frage zu klären, wer den Anstoß zu dem Prozess und zur Verurteilung gegeben hat und aus welchen Gründen Jesus hingerichtet worden ist. Ein Konflikt mit der religiösen jüdischen Obrigkeit oder/und mit der staatlichen römischen Justiz zeichnete sich erst ab, als Jesus das mit jüdischen Passapilgern überfüllte Jerusalem betrat. Gewiss war ihm sein Ruf als Wunderheiler vorausgeeilt. Und seine Verkündigung vom nahen Ende und dem Anbruch der Königsherrschaft Gottes und einer neuen Zeit hat bei seinen Hörern vielfältige und unterschiedliche Erwartungen ausgelöst: religiöse, politische, soziale. Diese Erwartungen werden ihm beim Volk viele Sympathien und zunächst auch viel Zustimmung eingebracht haben.

Die jüdische Priesterschaft reagiert

Aus der Sicht des jüdischen Hohen Priesters und seiner Religionsbehörde stellte sich Jesu Auftreten anders dar. Die Kunde von seinem freien Umgang mit dem jüdischen Gesetz war sicher auch bis nach Jerusalem gedrungen. Er hatte das Sabbatgebot vielfach missachtet. Er pflegte Gemeinschaft mit Zöllnern und Sündern und stellte sich damit demonstrativ auf deren Seite. Er predigte im Tempelbezirk mit großem Zulauf. Er griff dabei den Tempelkult an und warf die Tische der Geldwechsler um. Er weissagte sogar, dass Gott an die Stelle dieses alten Tempels einen neuen setzen werde. In den Augen der jüdischen Priester war dieser Mann eine Gefahr für die Gesetze des jüdischen Glaubens und für die religiöse Ordnung. Besonders sensibel reagierte die Priesterschaft auf die Tempelkritik. Denn die Kritik des Tempelkults berührte die Interessen des Hohen Rats, sie stellte die Legitimität der priesterlichen Privilegien in Frage und erschütterte die finanzielle Basis all derer, die an der Organisation des Tempelkults beteiligt waren bis hin zu den Geldwechslern und kleinen Taubenhändlern. Das mag auch beim späteren Stimmungsumschwung im Volk eine Rolle gespielt haben, da viele mitbetroffen waren. So musste vor allem die Priesterschaft ein großes Interesse daran haben, diesen Störenfried angesichts des bevorstehenden Passafestes so schnell und so nachhaltig wie möglich aus dem öffentlichen Verkehr zu ziehen.

Jesus war durch die jüdische Tempelpolizei im Schutz der Nacht festgenommen worden. Man wollte öffentliches Aufsehen vermeiden. Ein Anhänger Jesu scheint dabei eine Rolle gespielt und die Tempelpolizei zum Aufenthaltsort Jesu geführt zu haben. Die übrigen Jünger flohen aus Angst vor Verfolgung in ihre galiläische Heimat. Nur wenige Frauen blieben in Jerusalem zurück. Ob ein Prozess vor dem Hohen Rat in der gleichen Nacht in der Weise stattgefunden hat, wie es im Markusevangelium (14,54–65) zu lesen ist, ist eher unwahrscheinlich. Ein ordentlicher Prozess war es wohl nicht. Nach der damaligen Prozessordnung durften Prozesse, in denen es um ein todeswürdiges Verbrechen ging, nur am Tag stattfinden. Hier wurde aber nachts verhandelt. Gerichtsverhandlungen durften grundsätzlich nicht am Sabbat, an Festtagen und an den vorausgehenden Rüsttagen abgehalten werden. Der geschilderte Prozess soll aber in der Passanacht stattgefunden haben. Ein Todesurteil durfte nicht innerhalb der Sitzung des ersten Verhandlungstages gefällt werden. Es durfte erst am folgenden Tag in einer neuen Sitzung ausgesprochen werden. Als regulärer Versammlungsort war die Quaderhalle innerhalb des Tempels vorgesehen, die freilich nachts nicht zugänglich war. Der Hohe Rat war aber für die Verhandlung im Palast des Hohen Priesters zusammengekommen. Diese Widersprüche zum damals geltenden Prozessrecht sprechen dafür, dass es einen regulären Prozess des Hohen Rates gegen Jesus gar nicht gegeben hat. Es handelte sich wohl nur um ein Verhör, in dem jene Anklagepunkte ermittelt wurden, die der Hohe Rat der römischen Justiz als plausibel und vertretbar vortragen konnte.

Der Hohe Rat braucht gerichtsverwertbare Anklagepunkte

Was war für die römische Justiz, welche die Rechtshoheit besaß, in einem Prozess gegen Jesus verwertbar und was nicht? Unbrauchbar war jedenfalls alles, was innerjüdische Konflikte betraf, z. B. Verstöße gegen Regeln oder Ordnungen der jüdischen Religion, Kritik am Tempel, der Vorwurf falscher Prophetie oder der Gotteslästerung. In solche innerjüdische Angelegenheiten mischten sich die Römer nicht ein.

Jesus musste also so dargestellt werden, dass er aus der Sicht der römischen Behörde als politischer Unruhestifter und Aufrührer und damit als eine Gefahr für die öffentliche Ordnung erschien. Der Hohe Rat wollte vor allem die für ihn bedrohliche Tempelkritik Jesu unterbinden. Diese konnte von den Römern so interpretiert werden, dass sie als Ruhestörung der öffentlichen Ordnung erschien. Und wenn Jesus von der anbrechenden Königsherrschaft und vom Reich Gottes öffentlich sprach, so sprach er zwar von dem Leben, das da entsteht, wo nicht Regeln und Gesetze, sondern Gottes Geist der Liebe die Herzen der Menschen erfüllt und ihr Handeln leitet. Aber die Stichwörter «Herrschaft», «Reich» und «König» konnten den Römern leicht als politischer Anspruch und als politisches Umsturzprogramm und damit als ihren Zuständigkeitsbereich vermittelt werden.

Die römische Justiz handelt

Im Sinne dieser politischen Anklagen scheint dann auch der Prozess Jesu abgelaufen zu sein, nämlich im Stil einer dringenden römischen Polizeimaßnahme gegen einen gefährlichen Aufrührer. Für einen ordentlichen römischen Strafprozess waren eine schriftliche Vorladung, ein Verteidiger und ein Protokollant erforderlich. Davon hören wir aber nichts. Es war also ein «kurzer Prozess», wie er für kurzfristig zu klärende Notfälle vorgesehen war. Die Tafel, die über dem Kreuz Jesu angebracht wurde (der Titulus), verkündete das offiziell festgestellte strafwürdige Delikt. Es lautete: «Jesus Nazarenus Rex Judeorum» – «Jesus von Nazaret, König der Juden». Wer unerlaubterweise den Königstitel führte, beging nach römischem Recht ein Majestätsverbrechen, das mit dem Tode bestraft wurde. Für Rom war dieser ganze Vorgang eine Routinebagatelle, mit der sich der Prokurator eines vermeintlichen politischen Aufrührers entledigte. Für die jüdische Priesterschaft war es nach Lage der Dinge die beste Lösung. Für die Jünger war es eine Katastrophe.

Hat Jesus seinen Tod erwartet?

Angesichts der Zwangsläufigkeit, mit der das Wirken Jesu und die Reaktionen der jüdischen Priesteraristokratie sowie der römischen Justiz zu Jesu Tod führten, kann man die Frage stellen, ob Jesus diesen Tod bewusst herbeizwingen wollte. Dafür gibt es aber keinerlei Anhaltspunkte.

Erwägenswert ist allerdings die Frage, ob Jesus mit seinem Tod rechnen konnte. Die Haltung der Tempelpriesterschaft konnte ihm ja nicht verborgen geblieben sein. Beim letzten Abendmahl sagte er nach dem Wort über Brot und Kelch: «Ich werde von der Frucht des Weinstocks nicht mehr trinken bis zu dem Tag, da ich aufs Neue davon trinken werde im Reich Gottes.» (Mk 14,25) Danach jedenfalls scheint er seine Situation realistisch eingeschätzt zu haben.

Deutlich ist schließlich, dass er in den Verhören durch den jüdischen Hohen Rat und durch Pilatus offenbar nichts getan hat, um die Anklage, er sei ein politischer Revolutionär, zu entkräften. Als er von Pilatus gefragt wurde: «Bist du der König der Juden?», d. h. erhebst du den Anspruch, König der Juden zu sein (was Pilatus im politischen Sinne meinte), da sagte er unumwunden «Ja» und verstand das in seinem Sinne der Königsherrschaft Gottes, die er ja stets verkündet hatte. Er äußerte sich auch zu den anderen Anklagen nicht, die gegen ihn vorgebracht wurden. Wir wissen nicht, wie historisch zuverlässig diese Verhörszenen dargestellt sind. Sie entsprechen aber sehr genau der Haltung eines aus dem Geiste Gottes Handelnden, die Paulus mit dem weisheitlichen Satz umschreibt: «Lass dich vom Bösen (in der Gestalt des Verfolgers) nicht besiegen, sondern besiege das Böse durch das Gute.» (Röm 12,21), nämlich mit jenem Geist der Liebe, die auch den Feind einschließt.

Die Kreuzigung

Das Todesurteil sollte unverzüglich vollstreckt werden, und zwar durch Kreuzigung, jene besonders abschreckende und entehrende Todesart, bei der der Todeskampf oft mehrere Tage dauern konnte, bis schließlich Lähmungserscheinungen und Herzversagen der Qual ein Ende bereiteten.

Geißelung und Verspottung gehörten zum Ritual der Kreuzigung. Der Leichnam blieb am Kreuz hängen. Er war selbst in seiner Qual den Menschen zu Spott und Verachtung und den Vögeln zum Fraß freigegeben.

Die Hinrichtungsstätte Golgota lag nordwestlich außerhalb der Jerusalemer Stadtmauern auf einer Felskuppe. Jesus wurde hier um die Mittagszeit gekreuzigt. Er verstarb ungewöhnlich rasch bereits nach drei Stunden mit einem lauten Schrei (Mk 15,37). Jünger, die «letzte Worte» hätten hören können, waren nicht anwesend. Einige galiläische Frauen (unter ihnen Maria von Magdala) standen in der Nähe. Nicht mehr zu klären ist, ob die Geschichte, nach der Josef von Arimatäa den Leichnam von Pilatus erwarb und ihn noch am Abend in seinem eigenen neuen Felsengrab bestattete (Mk 15,42–45), einen historischen Kern hat.

Die Schuldfrage

Die Frage nach der Schuld am Tod Jesu, die in der Geschichte zwischen Juden und Christen eine so verhängnisvolle Rolle gespielt hat, lässt sich sinnvoll gar nicht stellen und noch weniger beantworten. Feststellbar ist lediglich, dass Jesu Botschaft und Verhalten beim Volk, bei den jüdischen Religionsführern und bei der römischen Justiz Reaktionen auslösten, die unter den damaligen Gegebenheiten mit einer nachvollziehbaren Handlungslogik aller Beteiligten zu dem bekannten Ende geführt haben. Auf keinen Fall kann und durfte jemals aus den Reaktionen des damaligen jüdischen Rates eine Kollektivschuld des jüdischen Volks am Tod Jesu hergeleitet und als Vorwand für judenfeindliche Aktionen missbraucht werden. Die Frage nach den Schuldanteilen an Jesu Tod hat allerdings bereits die biblischen Texte beschäftigt und geprägt. Erkennbar ist dort eine zunehmende Tendenz, die Verantwortung für den Tod Jesu von der römischen Besatzungsmacht auf den Hohen Rat der Juden zu verlagern.

Sagen uns die neutestamentlichen Texte nicht viel mehr?

Wer die bisherigen Ausführungen mit dem vergleicht, was in den Evangelien über die Vorgänge um Jesu Tod zu lesen ist, der wird sich wundern, wie viel davon noch nicht zur Sprache gekommen ist. Die Rede war bisher nur von dem, was als historisch gesichert oder als wahrscheinlich gelten kann. Die Passionsgeschichten der Evangelien sind keine historischen Protokolle, sondern Christuszeugnisse aus der Sicht der nachösterlichen Gemeinde.

Die Passionstexte sind wohl die ältesten zusammenhängenden Erzählüberlieferungen der jungen Christenheit. Sie bilden auch den Kernbestand des ältesten Evangeliums, das des Markus, das um 70 entstanden ist, also etwa vierzig Jahre nach Jesu Tod. Der Theologe Martin Kähler hat daher das Markusevangelium als eine «Passionsgeschichte mit ausführlicher Einleitung» charakterisiert. Die Passionsgeschichte bezieht sich zwar auf Jesu Weg hin zum Tod, sie hat dennoch keinen zusammenhängenden Erzählfaden, sondern ist aus Einzeltraditionen zusammengesetzt, die von Markus und von den Verfassern der anderen Evangelien bearbeitet und ergänzt worden sind. Dabei ging es nicht um die Ergänzung der spärlichen historischen Fakten, sondern um Deutungen der Geschehnisse, um Einbindung der Passionsereignisse in den Christusglauben, um Bekenntnisse, die sich seit Ostern zu artikulieren beginnen. Diese Bekenntnisse, Deutungen und Predigten können selbst wieder in der Form von Erzählungen gestaltet sein. Das ist für die Erzählweise der Alten Welt ganz normal und bis heute in der erzählenden Literatur üblich. (Wenn Ricarda Huch in ihrer Geschichte des Dreissigjährigen Kriegs Dialoge der handelnden Personen wiedergibt, so hat sie gewiss nicht an den Türen gelauscht. Sie hat diese Personen, deren Denken, deren Motive des Handelns und deren Charakter in diesen Dialogen zum Ausdruck gebracht und zugleich auch ihr Verhältnis zu diesen Personen.) Über den Charakter der biblischen Texte wird im Zusammenhang mit den Deutungen des Todes Jesu noch ausführlicher zu sprechen sein. An dieser Stelle genügt die Feststellung, dass wir die Texte der Passionsgeschichte nicht als historische Berichterstattung, sondern als Ausdruck des nachösterlichen Jesusverständnisses zu lesen haben.

Wie erging es den Jüngern nach Jesu Tod?

Die hoffnungslose Lage der Jünger

Bleiben wir zunächst wieder bei dem historisch Greifbaren. Jesu schmachvoller Tod war für seine Jünger das Ende aller Erwartungen und Hoffnungen, das Aus für einen neuen Lebensentwurf, auf den sie alles gesetzt hatten. Die zwei Jünger, die sich nach Emmaus absetzten, fassten ihre Enttäuschung resigniert in dem Satz zusammen: «Wir aber hofften, er sei es, der Israel erlösen werde.» (Lk 24,21)

Historisch betrachtet, ist Jesus mit seinem Aufbruch in eine neue Zeit gescheitert. Am Karfreitag war das auch die Einschätzung seiner Jünger. Keiner der Anhänger konnte in dieser Situation den Gedanken haben, dass Jesus diesen Tod ihnen zugute erlitten haben sollte. Jesus war gottverlassen gestorben, und die Jünger sahen sich ebenfalls von Gott verlassen.

Ein nicht fassbares Ereignis

Ostern

Der nächste historisch gesicherte Tatbestand – zwei Tage später – ist sehr überraschend. Dieselben Personen, die am Karfreitag angstvoll und entsetzt auseinandergelaufen waren und niedergeschlagen an ihr früheres Leben anzuknüpfen suchten, finden wir am Tag nach dem Sabbat (an unserem Sonntag) in einem unerwartet anderen Zustand. Das Neue Testament spricht von elf Jüngern, die Jesus in Galiläa sahen (Mt 28,16). Nach dem Lukasevangelium hatten sich die elf Jünger und ein weiterer Kreis von Anhängern in Jerusalem versammelt, als Jesus in ihre Mitte trat. Er führte sie nach Betanien und entschwand dort ihren Blicken. Sie aber kehrten mit großer Freude nach Jerusalem zurück (Lk 24,50–53). Auch im Markusevangelium (16,14) heißt es: «Zuletzt zeigte er sich den elfen, als sie bei Tisch sassen.» Alle vier Evangelien berichten, Jesus habe die Versammelten dazu aufgefordert, ja sie ermächtigt, seine Botschaft in die Welt hinauszutragen. Nach dem Markusevangelium werden die Gläubigen mit der Kraft ausgestattet, in Jesu Namen Dämonen auszutreiben und selbst gegen tödliche Angriffe gefeit zu sein. Das Johannesevangelium fasst das in dem Satz zusammen: «Wie mich der Vater gesandt hat, so sende ich euch.» (Joh 20,21) In diesen Texten schlägt sich nieder, wie die Jünger am Tag nach dem Sabbat sich, ihre Situation und ihre Zukunft verstehen. Sie haben die Gewissheit, im Auftrag und in der Vollmacht Jesu ausgesandt zu sein, und sie haben den Mut und die Kraft, mit der Botschaft Jesu in die Welt aufzubrechen und vor Menschen hinzutreten. In dieser Verfassung haben die Jünger sich selbst erlebt, und so wurden sie auch von ihren Zeitgenossen wahrgenommen.

Historisch fassbar und belegt ist also die Tatsache, dass die noch am Karfreitag verschüchterten Jünger an vielen Orten die Gewissheit hatten, dass Jesus nicht im Tode geblieben ist, sondern sich in ihnen als lebendig erwies. Dieser historisch fassbare Tatbestand ist das eine. Ein anderes ist es, wie sich die solchermaßen Verwandelten und zum Handeln ermutigten Jünger diesen Umbruch und Aufbruch erklärten, der ihnen widerfahren war.

Erklärungsversuche

Erklärungen für Neues und Unbekanntes suchen wir zunächst immer innerhalb unserer bisherigen Erfahrungswelt und im Rahmen der uns vertrauten Denkmöglichkeiten. Die einfache Logik legt ja nahe, dass jemand, der tot war und sich nach seinem leiblichen Tod als lebendig erweist, nicht im Tod geblieben sein kann. Saulus, der fanatische Christenverfolger, berichtet, wie er auf dem Weg nach Damaskus, wo er Christen aufspüren wollte, in einer Lichterscheinung, die ihn niederwarf, und durch eine Stimme vom Christenverfolger zum Christusverkündiger verwandelt wurde. Auch von Petrus und Jakobus werden solche Widerfahrnisse berichtet. Sie werden unterschiedlich beschrieben, weil sie sich offenbar jeder angemessenen menschlichen Beschreibung entziehen. Man mag diese Widerfahrnisse als Visionen, als Auditionen (Hörerlebnisse) oder als Erscheinungen Jesu bezeichnen. Das Gemeinsame und Entscheidende liegt nicht in den physischen Vorgängen und Erlebnissen, die geschildert werden (wie immer man sie interpretieren mag). Das Gemeinsame und Entscheidende liegt in dem, wie Menschen daraus hervorgegangen sind, nämlich mit der Gewissheit, dass Jesus lebt, dass sie von seinem Geist erfüllt sind und dass sie aus der Kraft dieses Geistes leben und Zeugen jener Liebe Gottes sein können, die ihnen in Jesus begegnet ist.

Ihre neue Lebenswirklichkeit haben diese ersten Christen in vielfältigen Formen zum Ausdruck gebracht: als Auferstehung Jesu von den Toten, als seine Erhöhung in die himmlische Welt (im Christuslied Phil 2) oder in einer Art Entrückung, wie sie im Judentum von Henoch, Mose und Elija erzählt wurde und in der Antike von Menelaos,

Herakles und Alexander bekannt war. Ein Auferstehungsvorgang wird aber bezeichnenderweise nirgendwo im Sinne eines historischen Faktums gegenständlich beschrieben. Die unterschiedlichen Aussagen sind eben nicht der Inhalt der neu geschenkten Lebenswirklichkeit und damit des Glaubens, sondern lediglich ein Ausdruck dafür und die Form, davon zu sprechen. Die Vielfalt dieser Ausdrucksformen macht deutlich, dass die persönliche Osterwirklichkeit, die uns ein Leben aus dem Geist der Liebe eröffnet, in den Analogien unserer Erfahrungswelt nicht eindeutig zu beschreiben ist. Aber alle diese Ausdrucksformen, auch die unterschiedlichen Geschichten vom leeren Grab, können als Hinweisversuche auf jene Lebenswirklichkeit gelesen werden, die sich dort eröffnet, wo sich Menschen von dem Geist Jesu erfüllen und führen lassen.

Ostern lässt den Karfreitag in neuem Licht erscheinen

Von dieser neuen Lebenswirklichkeit her, die man im Hinblick auf den Menschen als das Osterereignis bezeichnen kann, konnte, ja musste man das irdische Leben Jesu und auch seinen Tod am Kreuz ganz neu verstehen lernen. Im Lichte von Ostern zeigte sich, dass das von Jesus angekündigte Heil sich zu erfüllen begann – freilich anders, als man bisher angenommen hatte. Die Versuche der ersten Christengenerationen, dieses nachösterliche Verständnis Jesu, seiner Worte, seiner Handlungen und seines Weges auszudrücken, sind uns in den neutestamentlichen Schriften erhalten. Wir wenden uns im Folgenden der Frage zu, wie aus nachösterlicher Sicht der Tod Jesu verstanden und ge-

deutet werden konnte und im Rahmen der damaligen religiösen Vorstellungen gedeutet wurde.

Wie wird Jesu Tod von Ostern her gedeutet?

Prinzipien der Deutung

Fakten bedürfen der Deutung

Fakten sind Fakten. Sie haben, für sich genommen, noch keinen Sinn. Sinn gewinnen sie dadurch, dass sich Menschen zu ihnen in ein Verhältnis setzen, sie ihrem Weltverstehen und ihrer Lebenssituation zuordnen, ihnen also einen Sinn geben. Jede Deutung kommt von einem bestimmten Verstehenshintergrund her. Dieser Verstehenshintergrund geht damit (unbewusst) in die Deutung ein, ja, er verschmilzt mit ihr zu einer Einheit.

Der religiöse und kulturelle Hintergrund deutet mit

Die Tatsache, dass der religiöse und kulturelle Hintergrund mitdeuten, ist dem Deutenden meist nicht bewusst. Es muss aber dem sehr bewusst sein, der sich später mit dieser Deutung auseinandersetzt. Nur so ist sicherzustellen, dass nicht der eingeflossene Deutungshintergrund für den Inhalt genommen wird.

Deutung bedarf der angemessenen Sprache

Jede Deutung von Tatbeständen muss sich in einer dem Gegenstand angemessenen Sprache vollziehen. Für die Deutung und Analyse eines Verkehrsunfalls taugt z. B. die Sprache der Poesie wenig. Hier wird man nur mittels der Sprache der physikalischen Naturgesetzmäßigkeiten zu einer plausiblen Deutung kommen. Bei der Deutung eines menschlichen Verhaltens wieder wird uns die exakte Sprache der Physik und der Mathematik wenig helfen. Hier wird uns die Sprache der Psychologie, die Psycho-Logik, weiterbringen.

Die Sprache der Religion

Bei religiösen Phänomenen werden wir mit allen Sprachen scheitern, die ihren «Gegenstand» auf diese oder jene Weise nur innerweltlich «verrechnen». Sofern es Religion mit dem Göttlichen, also mit dem Nichtweltlichen, zu tun hat, kann sie sich nur in einer Sprache artikulieren, die sich weltlicher Elemente bedient. Sie darf aber das, wovon gesprochen wird, nicht zum weltlichen Gegenstand machen, sondern muss es in seiner nichtweltlichen Andersartigkeit respektieren. Dies leistet das *Symbol*. Deshalb ist die Sprache des Symbols die der Religion angemessene Sprache. Das Symbol redet in gegenständlichen Bildern von nichtgegenständlichen Realitäten.

Eine für alle alten Religionen charakteristische symbolische Redeweise ist der *Mythos*. Auch die meisten Deutungen des Todes Jesu sind in mythischen Denkformen verfasst. Mythen sind Erzählungen, in denen von numinosen Gestalten jenseits unserer realen Welt die Rede ist, denen aber höchste Bedeutung für unser Leben zugesprochen wird. Mythen artikulieren eine Dimension unseres Lebens und Weltverstehens, die an den Fakten nicht ablesbar ist. Mythen bringen zum Ausdruck, was in einer religiös-kulturellen Gemeinschaft unbefragt und unwidersprochen gilt.

Ein wesentliches Element mythischen Denkens ist die *Analogie*, eine besondere Art der Übertragung. Dabei wird ein allgemein bekanntes Muster auf etwas Unbekanntes übertragen. Das Unbekannte wird damit in den Horizont unseres Verstehens hereingeholt und interpretiert, bleibt aber als nichtgegenständlich erkennbar. Zwischen den als analog erkannten Größen wird eine in der Tiefe bestehende Identität vorausgesetzt (z. B.: Jeder Mensch ist Adam. Daher wiederholt sich in jedem Menschen die Schuld Adams). Die mythische Welt stellt sich als eine Welt widerstreitender Mächte dar, die vielfach personifiziert werden (Satan, Dämonen). Als Leser dieser Texte werden wir darauf zu achten haben, dass wir diese Symbole nicht vergegenständlichen, sondern uns ihres hinweisenden Charakters bewusst bleiben.

Vielfalt der Symbole – Vielfalt der Deutungen

Die sich nach Ostern sammelnden Gruppen und Gemeinden begannen von ihrer Gewissheit her, dass Jesus bei ihnen war und sich als lebendig erwies, Jesu Tod neu zu verstehen. Sie taten das mit dem Symbolmaterial der ihnen vertrauten jüdischen Religion und innerhalb der gewohnten Denkformen und Sprachmuster. Da der Symbolfundus der jüdischen Religion sehr vielfältig ist, bildeten sich entsprechend unterschiedliche Traditionsstränge. Das heißt, wir werden in den neutestamentlichen Texten, die Jesu Sterben in der Symbolsprache des Alten Testaments deuten, weder eine einheitliche Begrifflichkeit noch einheitliche Deutungen erwarten dürfen, sondern auf eine Vielzahl unterschiedlicher Interpretationen stoßen. Diese Deutungen schließen einander nicht aus; sie lassen sich aber ebenso wenig zu einer einzigen, in sich schlüssigen Deutung zusammenführen.

Das alttestamentliche Welt- und Menschenverständnis als Deutungshintergrund

Alte Texte sind uns deshalb so schwer zugänglich, weil sie in einen Deutungshintergrund eingebunden sind, den wir nicht kennen. Deshalb sei hier das Welt- und Menschenverständnis des Alten Testaments, das die unausgesprochene Grundlage für die meisten Interpretationen des Todes Jesu bildet, vorab in wenigen Strichen skizziert. Nach dem Alten Testament befindet sich der Mensch aktuell in einem gestörten Verhältnis zu Gott. Er lebt im Widerspruch zu dem, was er nach dem Willen seines Schöpfers sein sollte. Er ist nämlich nicht vom Geist Gottes geleitet, sondern folgt wie unter einem Zwang seiner Selbstsucht und seiner Lebensgier, die er auf Kosten der anderen durchzusetzen sucht und die dabei das eigene Leben und das Leben der Gemeinschaft vergiftet und beschädigt. Mit dieser Entfremdung von Gott entfremdet sich der Mensch auch sich selbst. Diese aktuelle Grundverfassung, in der sich der Mensch immer schon vorfindet, nennt die Bibel «Sünde». Aus ihr gehen die Handlungen hervor, die wir als Tat-Sünden wahrnehmen. Der innere Zwang, der zu widergöttlichem Handeln antreibt, wurde in der Antike so erlebt, als stünde der Mensch unter der Herrschaft widergöttlicher, dämonischer Mächte. Aus eigener Kraft ist kein Mensch in der Lage, sich aus dem Machtbereich der Sünde zu befreien. Er muss daraus befreit werden. Das ist der Verstehenshintergrund, der allen Deutungen des Todes Jesu zugrunde liegt. Unser eigenes Weltverständnis muss beim nachvollziehenden Verstehen zunächst außen vor bleiben.

Die alttestamentlichen Schriften als Deutungshilfe

In der Geschichte von den Emmaus-Jüngern sagt der unerkannt mitwandernde Jesus mit dem Blick auf Karfreitag zu den resignierten Männern: «Wie unverständig seid ihr doch und trägen Herzens! Dass ihr nicht glaubt nach allem, was die Propheten gesagt haben! Musste der Gesalbte nicht solches erleiden und so in seine Herrlichkeit eingehen? Und er fing an bei Mose und allen Propheten und legte ihnen aus, was in allen Schriften über ihn steht.» (Lk 24,25–27) Hier schlägt sich die Überzeugung nieder, dass sich Jesus selbst in der Tradition jener Verheißungen sieht, die sich in ihm erfüllen sollten. So lag es nahe, dass die nachösterliche Jüngerschaft auch Jesu Tod im Verstehenshorizont der alttestamentlichen Verheißungen zu lesen und zu erfassen suchte.

Jesu Tod – der Tod des Gottesknechts

Nun drängte es sich geradezu auf, Jesus mit dem geheimnisvollen Knecht Gottes zu identifizieren, von dem im Jesajabuch so viel die Rede ist. Erinnerte nicht schon Jes 53 an die letzte Wegstrecke von Jesu Passion: «Er hatte keine Gestalt und keine Pracht, dass wir ihn angesehen hätten … Verachtet wurde er und von Menschen verlassen, ein Mann der Schmerzen … Er wurde bedrängt, und er ist gedemütigt worden, seinen Mund aber hat er nicht aufgetan wie ein Lamm, das zur Schlachtung gebracht wird.» (Jes 53,2.3.7)? War nicht sogar schon darauf hingewiesen worden, dass Jesus den schändlichen Tod eines Verbrechers sterben würde, wenn es in Jes 53,12 heißt: «… dafür, dass … er sich den Übeltätern zurechnen liess.»? Konnte man nicht schon im Gottesknecht den Hinweis auf den guten Hirten Jesus sehen, der den Verirrten nachgeht, der die Herde beisammenhält und der sogar bereit ist, sein Leben für seine Schafe hinzugeben? Traf nicht Jes 53,6 die Situation, in die Jesus kam, sehr genau, wenn gesagt wird: «Wie Schafe irren wir alle umher, ein jeder von uns wandte sich seinem eigenen Weg zu.»?

Besonders im Lukasevangelium wird vielfach darauf hingewiesen, dass der Knecht Gottes in Jesus gekommen ist und all das eingelöst hat, was dort von diesem Knecht gesagt wurde: «Ich habe meinen Geist auf ihn gelegt ... Das geknickte Rohr zerbricht er nicht, ... treu trägt er das Recht hinaus.» (Jes 42,1.3 vgl. Lk 12,20) «In Gerechtigkeit habe ich, der HERR, dich gerufen, und ich ergreife deine Hand, und ich behüte dich und mache dich zum Zeichen des Bundes mit dem Volk, zum Licht der Nationen, um blinde Augen zu öffnen, um Gefangene hinauszuführen aus dem Gefängnis und aus dem Kerker, die in der Finsternis sitzen ... Noch ehe es sprosst, lasse ich es euch hören.» (Jes 42,6.7.9 vgl. Lk 2,32 und 4,18)

Wir wissen nicht, wer mit diesem Knecht Gottes gemeint war. Aber die junge Gemeinde sah in Jesus den hier angekündigten Erlöser gekommen. Im Erlösungswerk des Gottesknechts konnte man auch Jesu Tod als ein Heilsgeschehen erfassen, das er für uns vollbracht hat. War doch vom Gottesknecht gesagt: «Doch unsere Krankheiten, er hat sie getragen, und unsere Schmerzen hat er auf sich genommen. Wir aber hielten ihn für einen Gezeichneten, für einen von Gott Geschlagenen und Gedemütigten. ... auf ihm lag die Strafe, die *unserem Frieden* diente, und durch seine Wunden haben wir Heilung erfahren.» (Jes 53,4f) Jesu Tod stellte sich im Lichte dieses Textes nicht mehr als sein und seiner Jünger Scheitern dar, sondern als Höhepunkt, als Abschluss und als Vollendung von Jesu irdischem Heilswerk. Das klingt schon in der Bemerkung der Emmaus-Geschichte an: «Musste der Gesalbte nicht solches erleiden ...?» (Lk 24,26)

Der Gedanke, dass Jesus *für uns* gestorben ist, war für die jüdisch geprägten Jesusnachfolger erhellend, plausibel und ein Grund zur Dankbarkeit. Für den westlichen Menschen hingegen ist seit der Aufklärung dieser Gedanke zunehmend fremd, ja anstößig geworden. Kritiker des Christentums pflegen sich in immer neuen Wellen über einen hilflosen Gott zu entrüsten, der zur Errettung der Menschen selbst ein Menschenopfer braucht. Diese Kritiker darf man freilich daran erinnern, dass sich jedem, der in geschichtsvergessender Weise sein eigenes Denken zur unbestreitbaren Norm für Sinn und Unsinn erhebt, die gesamte Geschichte der Menschheit als ein Museum der Absurditäten darstellen muss. Verstehen heißt demgegenüber in erster Linie, eine menschliche Äußerung aus der Sicht und innerhalb der Denkformen derer zu verstehen, die uns etwas mitteilen. Dass uns viele der alten Denkmuster heute nur schwer zugänglich sind, bleibt unbestritten. Aber das gilt grundsätzlich für alle Äußerungen, die außerhalb dessen liegen, was wir selbst zu denken gewohnt sind. Ohne die Bereitschaft, den anderen im Zusammenhang seines Denkens zu verstehen, können wir uns nicht einmal über die Probleme des Alltags verständigen.

Jesus, das Passalamm

Der historische Hintergrund der Deutung

Der Apostel Paulus und das Johannesevangelium verstehen Jesus im Sinne jenes Passalamms, dessen Blut die Israeliten in Ägypten schon einmal errettete und ihnen das Tor zur Befreiung aus der Sklaverei öffnete. Paulus schreibt: «Denn als unser Passalamm ist Christus geopfert worden.» (1Kor 5,7) Diese Deutung ist nur auf dem Hintergrund jenes Ereignisses der Frühgeschichte Israels verständlich, das von den Juden im Passafest alljährlich erinnernd vergegenwärtigt wurde.

Das Passafest mit der Schlachtung des Passalamms hat eine lange Vorgeschichte in der nomadischen Zeit Israels, die hier nicht näher betrachtet werden muss. Für unseren Zusammenhang ist nur die Erinnerung an jenes Passafest wichtig, das den Israeliten die Errettung aus der ägyptischen Gefangenschaft brachte. Es war die Nacht, für die der Herr das Gericht über Ägypten angekündigt hatte: Er werde durch Ägypten gehen und in jedem Haus die Erstgeburt von Mensch und Vieh erschlagen lassen. Die Häuser der Israeliten wolle er aber verschonen. Deshalb gebot er den Israeliten, am 14. Nisan ein körperlich fehlerloses, einjähriges, männliches Lamm zu schlachten, es über dem Feuer zu braten und noch in derselben Nacht zu essen. Das Blut des geschlachteten Lammes sollte als Schutzzeichen an die Türpfosten und an den Türsturz gestrichen werden. Der Herr versprach, die Häuser, an denen dieses Schutzzeichen angebracht war, von dem Gericht über Ägypten auszunehmen. Das Gericht wurde über die Ägypter vollzogen und brachte den Pharao dazu, die Israeliten sofort in die Freiheit zu entlassen. Zur Erinnerung an den Tag des Auszugs in die Freiheit feierte man in Israel jedes Jahr ein siebentägiges Fest und bereitete sich am 14. Nisan mit der Schlachtung eines Passalamms darauf vor.

Das Passalamm Jesus öffnet den Weg in die Freiheit

Wie das Blut des Passalammes die Errettung und den Auszug aus der ägyptischen Gefangenschaft einleitete, so wurde jetzt von Paulus und im Johannesevangelium das Blut, das Jesus am Kreuz vergoss, als der Schritt aus unserer Gefangenschaft und Gebundenheit durch die Sünde in die Freiheit der Kinder Gottes verstanden. Im Johannesevangelium wird die Salbung Jesu in Betanien (Joh 12,1–8), die Jesus als die Salbung für den Tag seines Begräbnisses hinnimmt, sechs Tage vor dem Passafest angesetzt. Das ist genau der Tag, an dem die Passalämmer für die Opferung ausgesondert werden. Nach dem Johannesevangelium stirbt Jesus am Nachmittag des 14. Nisan (Joh 19,31) zu eben der Zeit, da im Tempel die Passalämmer geschlachtet werden. Auch der Satz «Kein Knochen wird ihm gebrochen werden.» (Joh 19,36) spielt auf das Passalamm an, dem kein Bein zerbrochen werden darf.

Der Ausruf Johannes des Täufers: «Seht das Lamm Gottes, das die Sünde der Welt hinwegnimmt.» (Joh 1,29), verbindet das Passalamm mit der Erinnerung an den Knecht Gottes, der seinen Mund nicht auftat «wie ein Lamm, das zur Schlachtung gebracht wird» (Jes 53,7). Die Verbindung unterschiedlicher Traditionsstränge über das Brückenwort «Lamm» begegnet uns in vielen Liedtexten. Oft ist eine eindeutige Zuordnung gar nicht zu erkennen: «Ein Lämmlein geht und trägt die Schuld der Welt und ihrer Kinder»; «O Lamm Gottes, unschuldig am Stamm des Kreuzes geschlachtet»; «Christe, du Lamm Gottes, der du trägst die Sünd der Welt».

Jesu Tod – ein Sühneopfer

Menschenverständnis und Opferkult im Alten Testament

Die junge Christenheit greift bei der Deutung des Todes Jesu auf die Vorstellungswelt des jüdischen Kultwesens, besonders auf die vertraute Opferpraxis zurück. Deshalb ist es hilfreich, die Vorstellungen, die Denkmuster und die Logik jenes kultischen Systems zu kennen, innerhalb dessen die Bedeutung des Todes Jesu ihre Plausibilität haben und ihren Sinn freigeben kann.

Im Alten Testament versteht sich der Mensch als Ebenbild Gottes, und er weiß sich dem auch verpflichtet. In der Realität seines Lebens erfährt er sich aber im Widerstreit zu diesem Bild und zu seinem Schöpfer. Adam und Eva missachten Gottes Gebot. Kain wird zum Mörder seines Bruders Abel. Das führt zu der Feststellung: «Der HERR aber sah, dass die Bosheit des Menschen groß war auf Erden und dass alles Sinnen und Trachten seines Herzens allezeit nur böse war.» (Gen 6,5) Diese Menschheit sollte in der großen Flut untergehen – bis auf Noah und sein Haus. Aber auch nach der Flut gilt: «Denn das Trachten des Menschenherzens ist böse von Jugend an.» (Gen 8,21) Dennoch, Gott wird nie «wieder schlagen, was da lebt.» (Gen 8,21) wie in der Sintflut. Er schließt mit Noah einen Bund und erneuert diesen Bund mit Abraham und am Sinai mit dem Volk, das aus Abraham hervorgegangen ist.

Gott der Herr verpflichtet sich in diesem Bund, zu seinem Volk zu stehen, und er verpflichtet das Volk, nach seinen Geboten und Ordnungen zu leben. Aber die seit Adam und Eva den Menschen innewohnende Neigung, nicht den Willen Gottes umzusetzen, sondern den eigenen Willen durchzusetzen, gefährdet diesen Bund und damit die Lebensgrundlage des gesamten Volkes. Die Neigung des Menschen, sich über Gottes Gebote hinwegzusetzen, ist der Kern dessen, was das Alte Testament unter der Ursünde versteht. Sie wirkt sich nicht nur zerstörerisch auf die Gemeinschaft aus, sie zerstört den Menschen auch selbst. Sie bedroht schließlich das Fundament Israels, nämlich den Gottesbund und die sakrale Ordnung. Vor diesem Hintergrund ist das Kult- und Opferwesen Israels als das Mittel zu sehen, das gestörte Gottesverhältnis und die verletzte sakrale Ordnung wieder in die Balance zu bringen und das Leben der Gemeinschaft wieder auf eine heile Basis zu stellen.

Daraus ergibt sich, dass die jüdischen Kult- und Opferhandlungen nicht darauf angelegt sind, einen erzürnten Gott zu besänftigen oder zu bestechen. Selbst die Sühneriten sind nicht als Straf- oder Vergeltungsaktionen im Sinne eines Verrechnens zu verstehen, sondern als Einrichtungen, die dem Heil dienen und die jene tödliche Spirale des Bösen durchbrechen, um so einen neuen Anfang zu setzen.

Der Sünder hat sein Leben vor Gott nach jüdischem Verständnis zwar verwirkt. Er soll aber dennoch nicht nach dem Prinzip der Vergeltung getötet werden. Denn Gott gilt ungebrochen als ein Gott des Lebens und nicht als ein Gott der Vernichtung

In den Opferriten, bei denen stets das Leben des Menschen auf dem Spiel steht, tritt deshalb ein Tier an die Stelle des Menschen. Ein zentraler Akt der Schuld- und Sühneriten ist daher die kultische Übertragung der menschlichen Schuld und Sünde auf das Opfertier. Im Sühneopferritual (3Mo 4) wird das so vollzogen: Der wegen seiner Schuld dem Tod verfallene Sünder stemmt seine Hand auf den Kopf des von ihm dargebrachten Opfertiers. Auf diese Weise identifiziert er sich mit dem Opfertier und lädt ihm seine Schuld auf. Das Opfertier wird danach getötet und stirbt gleichsam den Tod des Sünders. Damit sind das Böse, das von dem Sünder ausgegangen war, und die Wirkungen und Zwänge, die sich in der Gemeinschaft daraus ergaben, aus der Gemeinschaft entfernt, sodass ein unbelasteter neuer Anfang möglich wird.

Das Ritual des jüdischen Versöhnungsfestes

Höhepunkt der Sühnehandlungen und damit des jüdischen liturgischen Jahrs ist das Ritual am Versöhnungstag, das der Hohe Priester für das gesamte Volk vollzieht. Auch hier steht die Übertragung der Schuld im Mittelpunkt. Nach Lev 16 wird ein Opfertier, und zwar ein Bock, durch Los ausgewählt. Mit einem öffentlichen Schuldbekenntnis und durch Aufstemmen seiner Hände auf den Kopf des Opfertiers überträgt der Hohe Priester die noch nicht getilgten Sünden des Volks auf den Bock, der nun mit der übernommenen Sündenlast in die Wüste hinausgetrieben wird. Der «Sündenbock» trägt auf diese Weise die Sünden Israels und deren zerstörerische Wirkungen aus der Gemeinschaft hinweg. Das Leben der Gemeinschaft kann nun, davon nicht mehr belastet, neu beginnen.

Jesus – himmlischer Hoher Priester und Selbstopfer

In dem einen und gleichen Symbol können unterschiedliche Facetten hervorgehoben werden. Der Verfasser des Briefs an die Hebräer bezieht sich bei seiner Deutung des Todes Jesu ebenfalls auf das Ritual des jüdischen Versöhnungsfestes. Auch er setzt also voraus, dass die Sünde des Menschen nur durch Blut gesühnt werden kann. Er deutet allerdings Jesu Tod mit Hilfe der Rolle des Hohen Priesters im großen Versöhnungsritual. Im Alten Bund musste der irdische Hohe Priester das Sühneopfer für das Volk jedes Jahr am Versöhnungstag neu vollziehen, indem er dem erwählten Opfertier die Sünden des Volks auflud und es mit dieser Sündenlast in die Wüste trieb.

Im Vergleich dazu sieht der Hebräerbrief Jesus als den wahren himmlischen Hohen Priester. Dieser himmlische Hohe Priester Jesus vollzieht das Sühneopfer aber nicht nur für Israel, sondern für die gesamte Menschheit. Und er muss das Opfer auch nicht mehr jedes Jahr neu vollziehen, sondern er bringt es ein für alle Mal dar. Schließlich vollzieht er es nicht durch ein Opfertier, sondern durch sein eigenes Sterben am Kreuz. Der himmlische Hohe Priester Jesus wird also als der Opfernde und gleichzeitig als das Opfer verstanden. Mit diesem Selbstopfer entreißt er die Menschen ein für alle Mal dem Machtbereich und dem Diktat der Sünde und hilft ihnen zu einer Gemeinschaft mit Gott, die sogar über das irdische Leben hinaus trägt. Das Adventslied sagt es so: «Er kommt zu uns geritten auf einem Eselein und stellt sich in die Mitten für uns zum Opfer ein. Er bringt kein zeitlich Gut, er will allein erwerben durch seinen Tod und Sterben, *was ewig währen tut*.»

In den Briefen des Apostels Paulus finden wir noch weitere Deutungen des Todes Jesu, die aus dem jüdischen Opferritual hergeleitet sind. Sie alle laufen darauf hinaus und ermuntern dazu, uns zu begreifen «als solche, die für die Sünde tot, für Gott aber lebendig sind, in Christus Jesus» (Röm 6,11).

Mit der Zerstörung Jerusalems im Jahr 70 ist die jüdische Opferpraxis untergegangen. Aber die darin enthaltenen religiösen Inhalte blieben über die alttestamentlichen Schriften auch in den christlichen Gemeinden gegenwärtig. Sie griffen bei ihren Deutungen des Todes vielfach auf die ihnen vertrauten Kategorien des jüdischen Opferwesens zurück. Dabei konnten unterschiedliche Schwerpunkte gesetzt und auch unterschiedliche Traditionsstränge miteinander verbunden werden.

Was ist ein Sühneopfer?

Auch bei dem Stichwort «Sühneopfer» müssen wir unsere eigenen Assoziationen ausklammern. Vor allem darf nicht unterstellt werden, das Opfertier sei als eine Art Tauschobjekt in einem Handel mit Gott zu verstehen. Das Opfertier wird im jüdischen Opferritual gar nicht Gott dargebracht, sondern für das Heilwerden der Gemeinschaft eingesetzt – ein Jude könnte sagen «für uns». Im jüdischen Glaubenssystem wird das Sühneopfer nicht Gott gegeben, sondern es dient dem Heil der Glaubensgemeinschaft, dem Volk Gottes.

Jesus überbietet das jüdische Sühneopfer

Das jüdische Ritual des Sühneopfers und dessen Bedeutung stand auch dem ehemaligen jüdischen Schriftgelehrten Paulus vor Augen, als er schrieb, Gott habe Jesus «dazu bestellt, Sühne zu schaffen ... durch die Hingabe seines Lebens.» (Röm 3,25), d. h. mit seinem Leben. Der Apostel nimmt dieses allen Juden vertraute Denkmodell auf und drückt darin aus, was Jesu Tod nicht nur für Juden, sondern für alle Menschen bedeutet, nämlich: «Wenn einer für alle gestorben ist, dann sind alle gestorben.» (2Kor 5,14) Mit diesem Gedanken überschreitet Paulus die Begrenzung des Heilsgeschehens auf das Volk Israel.

Paulus sprengt das jüdische Denkmodell aber auch inhaltlich! Das jüdische Sühneopfer bezieht sich auf vergangene Schuld und Sünde, berührt also nicht jene Strebungen, die aktuell und in die Zukunft wirkend aus der Ursünde des Menschen hervorbrechen. Deshalb muss ja das Sühneritual jedes Jahr neu vollzogen werden. Das Sühneopfer, das Jesus mit seinem Tod darbringt, betrifft nach Paulus hingegen den Kern unserer Ursünde. Es befreit uns von dem Zwang, jenen bösen Strebungen unseres Herzens folgen zu müssen, durch die wir uns selbst und unsere Gemeinschaft zerstören. Das Sühneopfer Jesu erlöst uns nicht nur von einer verfahrenen Vergangenheit, es erlöst uns zu einer neuen Gegenwart und Zukunft. Mit anderen Worten: Jesu Tod macht uns zu einem Leben frei, in dem wir nicht mehr eigenwillig gegen Gott, gegen unsere menschliche Gemeinschaft und sogar gegen uns selbst handeln müssen, sondern zu uns selbst befreit mit anderen aus dem Geist der Liebe unsere Welt gestalten können. Diese Befreiung bricht in dem Ausruf hervor: «Das Alte ist vergangen; siehe, Neues ist geworden.» (2Kor 5,17)!

Im Mitsterben mit Jesus liegt unser Heil

Die Botschaft von Jesu Tod muss für die Heiden
übersetzt werden

In seiner Missionspraxis hatte es Paulus mehrheitlich nicht mit Juden, sondern mit Menschen der hellenistischen Kultur zu tun, denen die jüdischen Rituale nicht bekannt waren. Dem erfahrenen Heidenmissionar war sehr wohl bewusst, dass er den hellenistisch geprägten Menschen die Bedeutung des Todes Jesu nicht mit jüdischen Denkmustern verdeutlichen konnte, sondern nur mit Denkmodellen, die ihnen aus ihrem eigenen religiösen Umfeld vertraut waren.

Eine hellenistische Hilfsvorstellung bietet sich an

So kommt es, dass wir im Brief des Paulus an die Römer auf den folgenden Gedankengang stoßen: «Unser alter Mensch wurde (mit Christus) gekreuzigt, damit der von der Sünde beherrschte Leib vernichtet werde und wir nicht mehr Sklaven der Sünde seien. Denn wer (mit Christus) gestorben ist, ist von allen Ansprüchen der Sünde befreit.» (Röm 6,6f) Der Gedanke eines Mitsterbens mit Jesus ist im jüdischen Gedankengebäude freilich nicht unterzubringen. Die jüdischen Zeitgenossen des Apostels hätten über diese Vorstellung wohl etwas ratlos ihre Köpfe geschüttelt. Die meisten heutigen Zeitgenossen werden kaum anders reagieren. Was aber konnten jene hellenistischen Menschen, an die Paulus schrieb, mit der Vorstellung vom Mitsterben verbinden?

Paulus bezeichnet die Grundhaltung des Menschen abgekürzt als den «alten Menschen». Er meint damit die Grundverfassung, die uns alle prägt, nämlich unseren urtümlichen Drang, uns eigenwillig und selbstsüchtig gegen Gott und die Welt durchzusetzen. Das ist das Lebensprinzip des aus seiner Ursünde lebenden Menschen. Paulus weiß auch, dass sich alle Menschen nach einem Leben sehnen, das nicht unter den vielfältigen Zwängen zu jenen «bösen Taten» steht, die aus dieser Grundhaltung hervorgehen. Die vielen religiösen Angebote jener Zeit zeigen uns, dass diese Sehnsucht im 1. Jahrhundert groß gewesen sein muss.

Die Mysterienreligionen

Eine besonders erfolgreiche und verbreitete Gruppe von Kulten, die auf die Sehnsucht der Menschen nach einem heilen Leben eingingen, waren die Mysterienreligionen. Mittelpunkt einer jeden Mysterienreligion ist die Mysteriengottheit, die aus einer Natur- oder Vegetationsgottheit hervorgegangen ist. Das Sterben und Wiedererstehen der Natur, wie es sich im Jahreskreislauf ereignet, tritt in der Mysteriengottheit in personifizierter Form vor uns hin. Das Anziehende an den Mysterienkulten lag darin, dass der Kultgenosse (der Myste) am Sterben und am Wiedererstehen der Gottheit zu neuem Leben Anteil gewinnen kann. Das geschieht durch eine Taufhandlung und durch Teilnahme an Kultmahlzeiten. Diese kultische Einbindung gibt dem Mysten die Gewissheit, dass er nicht für sich und allein, sondern mit seiner Gottheit stirbt, mit dieser aber dann auch zu einem neuen Leben aufersteht.

Paulus deutet Jesu Tod im Denkmodell der Mysterienreligionen

Dieses Denkmodell schien Paulus geeignet, den im multireligiösen Rom lebenden Menschen zu verdeutlichen, was Jesu Tod für unser Leben bedeuten kann. Die Sprachbrücke, über die er aus dem jüdischen in ein hellenistisches Symbolgebäude wechselt, sind die Stichworte «sterben» und «zu neuem Leben erstehen». Paulus knüpft dabei an Jesu reales Sterben am Kreuz an. Und mit Jesus mitsterben (= mit ihm gekreuzigt werden), heißt für ihn, jener uns beherrschenden Ursünde zu sterben – den alten Adam in uns ersäufen, wie Luther sagen kann. Wer so seinem alten, von der Sünde bestimmten Leben gestorben ist, der kann (mit Jesus) zu einem neuen Leben erstehen. Dieses neue Leben ist ein Leben aus dem Geist Gottes und aus der Kraft seiner Liebe.

In der Logik dieses Modells ist es nachvollziehbar und plausibel, dass Jesu Tod sich als unser Heil erweist, weil wir durch unser Mitsterben mit ihm auch mit ihm zu einem neuen Leben erlöst werden. Wenn wir die vorhin zitierten Sätze vor diesem Hintergrund lesen, so erweisen sie sich nicht mehr als unverständlich, sondern als nachvollziehbar und klar. Sie lauten: «Unser alter Mensch wurde (mit Christus) gekreuzigt, damit der von der Sünde beherrschte Leib vernichtet werde und wir nicht mehr Sklaven der (Ur-)Sünde seien. Denn wer (mit Christus) gestorben ist, ist von allen Ansprüchen der Sünde befreit.» (Röm 6,6f)

44

und ist – wie wir hinzufügen können – mit Christus zu einem neuen Leben mit Gott und aus Gott erstanden.

Der christliche Glaube ist auf kein bestimmtes Denkmodell festgelegt

Es mag sein, dass wir in diesem Modell nicht alles ausgedrückt finden, was wir theologisch mit dem Tod Jesu verbinden. In einer zweitausendjährigen Theologiegeschichte hat sich vieles angesammelt, was uns heute zum unerlässlichen Glaubensgut zu gehören scheint. Das ändert nichts daran, dass jedes Denkmodell nur eine ganz bestimmte Facette in den Blick bringen kann. Es spricht jedenfalls für die geistige Freiheit, Weite und Beweglichkeit des Völkerapostels, dass er sich unterschiedlicher Denkmodelle bediente, um seinen Lesern und Hörern die Christusbotschaft in jenen Sprachformen nahezubringen, die ihnen vertraut waren.

Es genügt nicht mehr, historische Interpretationsversuche nur zu zitieren

Nicht alle Christengenerationen hatten die paulinische Freiheit der Interpretation. In den Predigten und Kirchenliedern begegnet uns meistens uninterpretiert die nackte Kurzformel «gestorben für uns und unsere Sünden». Diese Kurzformel steht aber für einen vieltonigen Akkord, der im Laufe einer langen Theologiegeschichte auf- und ausgebaut wurde. Wir halten hier nur fest, dass in dem «für uns» in unterschiedlichen alten symbolischen Denkformen unsere Befreiung zum Ausdruck gebracht wird. Es ist die Botschaft, dass wir durch Jesus (und seinen Tod) aus den widergöttlichen Zwängen unserer vorfindlichen Natur befreit und zu einem Leben aus der Kraft göttlicher Liebe erlöst sind.

Es genügt heute nicht mehr, den Tod Jesu lediglich mit der Kurzformel «für uns gestorben» zu deuten, weil die biblischen Deutungsmodelle, für die diese Kurzformel steht, dem Zeitgenossen nicht mehr bekannt sind. Die Kurzformel kann deshalb nicht mehr jenen vollen Akkord zum Klingen bringen, der verdichtet und verschlüsselt in ihr liegt. Die Passionslieder, Auslegungen für ihre Zeit, beschränken sich leider auch weithin darauf, das «für uns» im Rahmen einer sehr formalen Opfervorstellung nur zu bekräftigen oder mit anderen ebenso verschlüsselten Symbolen und Bildern zu umschreiben: «Jesus ist kommen, ein Opfer für Sünden», «All unsere Sünd' hast du getragen, sonst müssten wir verzagen». Zwar wird der Blick auch auf das neue Leben gerichtet, das uns durch Jesus eröffnet wird, aber diese Hinweise wird nur der wahrnehmen können, dem die theologische Dimension der Kurzformel bereits vertraut ist.

Jesu Tod – ein Lösegeld

Unsere Schwierigkeit mit dieser Deutung

Einige Deutungen des Todes Jesu klingen in unseren Ohren nicht nur unverständlich und befremdlich, sondern eher abstoßend als hilfreich. Dazu gehört die Deutung, die uns u. a. im 1. Timotheusbrief (2,6) begegnet, einer Schrift von Anfang des 2. Jahrhunderts. Hier lesen wir, dass sich Jesus «selbst gegeben hat als Lösegeld für alle».

Das Lösegeld ist uns heute nur zu vertraut, und zwar als die Forderung, die von Terroristen oder sonstigen kriminellen Geiselnehmern erhoben wird. Es sträubt sich daher in uns alles, das Heilsgeschehen in einem solchen Zusammenhang und Gott in der Rolle eines Erpressers zu sehen.

Die Funktion des Lösegeldes in der Antike

In der Antike hatte das Wort «Lösegeld» einen anderen Klang. Es gehörte zur Normalität damaligen Lebens, dass Menschen im Zusammenhang mit kriegerischen Auseinandersetzungen in Gefangenschaft und in Sklaverei gerieten oder dass sie zu rechtlich und wirtschaftlich Abhängigen wurden, weil sie sich verschuldet hatten. Im Rechtssystem waren daher verschiedene Möglichkeiten vorgesehen, um einen Menschen aus der Gefangenschaft oder aus der Schuldsklaverei wieder zu befreien. Eine der Möglichkeiten bestand darin, ein Lösegeld (gr. *lytron*) zu zahlen und den Gefangenen gleichsam auf dem Rechtsweg aus der Gefangenschaft oder aus seiner Schuldsklaverei freizukaufen.

Ein antiker Rechtsbegriff dient als Deutungsmodell

In der hellenistischen Welt schien das Beispiel der Problemlösung mit Lösegeld geeignet zu sein, etwas von dem zu verdeutlichen, was der Tod Jesu für uns Menschen bewirkt. Vergleichbar war vor allem die Ausgangslage. Sie besteht darin, dass sich der Gefangene oder Sklave nicht mit eigener Kraft aus seiner Situation befreien kann, sondern auf eine von außen kommende Hilfe angewiesen ist. Die Gefangenschaft, auf die das Deutemodell bezogen wird, ist die Ursünde, in der der Mensch gefangen ist. Denn auch hier gilt, dass ich nicht der Herr meiner selbst bin, solange ich als Gefangener meiner eigensüchtigen Zwänge der Macht dieser Zwänge hilflos ausgeliefert bin. In der realistischen Sprache der Antike konnte man sagen, dass ich beherrscht werde von den Mächten des Bösen, der Hölle oder des Teufels. Wir müssen uns diese Mächte heute gar nicht als dämonische Phantasiegestalten ausmalen, um das Bild von der Gefangenschaft zu verstehen. Aber in diesen personifizierten Mächten drückte man damals das aus, was jeder auch heute als dämonische Mächte mit sich und in sich erfahren kann, nämlich, dass wir sehr konkret beherrscht werden von Selbstsucht und Lebensgier, die sich auch gegen andere durchzusetzen sucht. Wir erfahren diese dämonische Macht der Ursünde darin, dass wir andere Menschen beneiden, abwerten oder gar hassen oder dass wir mit ihnen geradezu sinnlos darum konkurrieren, wer besser, erfolgreicher, beliebter ist. Wir erfahren in alledem, dass dadurch Freundschaften und Partnerschaften zerstört werden und wir einander krank machen. Wir sehen auch, dass dieser selbstsüchtige Durchsetzungswille ganze Gruppen, Völker und Religionen antreibt bis hin zum Krieg um nichtige Dinge. Das etwa hat Paulus im Blick, wenn er in Römer 3,9 sagt, «dass (wir) alle, Juden wie Griechen, unter der Sünde sind». Darauf bezieht sich das Bild vom Lösegeld. Denn aus der Gefangenschaft dieser Mächte vermag uns der Tod Jesu zu befreien.

Ein «Lösegeld» an wen?

Nur, wie soll man sich das vorstellen? Eines ist schon deutlich: Es geht nicht darum, dass Jesus als das Lösegeld zu verstehen wäre, das an Gott gezahlt werden müsste. Denn warum und wofür sollte Gott ein solches Lösegeld

48

fordern? Befreit werden soll ja der Mensch aus der Herrschaft der widergöttlichen Mächte. Aber es geht noch nicht einmal um den Handel mit diesen Mächten. Es geht vielmehr darum, diesen Mächten dort ihre Macht zu nehmen, wo sie diese Macht ausüben, nämlich in uns Menschen.

Warum musste Jesus sterben?

Was kann Jesu Tod dazu beitragen, den bösen Mächten ihre Macht über uns zu nehmen? Wir werden es verstehen, wenn wir uns klarmachen, wer und was Jesus an das Kreuz gebracht hat und wie er seinen Weg bis zu seinem Tod am Kreuz gegangen ist. Beginnen wir mit der Frage, wessen er überhaupt angeklagt und warum er verurteilt wurde: Weil er eine Welt ausgerufen hat, in der nicht mehr das gelten sollte, was die politisch, militärisch und finanziell Starken erzwangen und die Hüter der Religion anordneten. In der Welt, die Jesus verkündete, sollten nicht mehr die spitzeren Ellenbogen und die rücksichtsloseren Verhandlungsspezialisten herrschen. Auch Recht und Gerechtigkeit sollten nicht mehr von den raffinierteren Juristen bestimmt werden. Der Wert eines Menschen sollte nicht mehr von seinem Bankkonto abhängen. Jesus hat vielmehr eine Welt eröffnet, die ganz schlicht von Gottes Liebe erfüllt und getragen ist und aus der Kraft dieser Liebe gestaltet wird. Durch diese Botschaft sahen die Vertreter der jüdischen Religion und der römischen Staatsmacht ihre Weltordnung bedroht und ihre Machtpositionen infrage gestellt. Zu Recht! Und deshalb musste Jesus beseitigt werden – so schnell wie möglich. Es fällt auf, dass weder der jüdische Hohe Rat noch der römische Statthalter als besonders bösartige Exemplare der Gattung Mensch dargestellt werden. Sie handeln in ihren jeweiligen Positionen lediglich so, wie es jeder tut, der aus jener eigensüchtigen Grundhaltung lebt, die der Apostel Paulus als den «alten Menschen» oder Luther als den «alten Adam» bezeichnet.

Jesu Weg zum Sterben als Zeugnis des neuen Lebens

Die Gewaltbereitschaft, die mit der Grundhaltung des alten Adam in uns angelegt ist, vermochte es wohl, Jesus nach den Gesetzen dieser Welt zu töten. Sie vermochte es aber nicht, Jesus von jenem neuen Weg abzubringen, den er vorlebte und verkündete: dem Weg der Liebe aus der Gemeinschaft mit Gott. Wofür Jesus gelebt hat, dafür ist er auch gestorben. Die Evangelien zeigen, dass Jesus diesen Weg der Liebe selbst in den ihm zugefügten tiefsten Erniedrigungen durchhält. Als er verhöhnt und geschlagen und als Verbrecher zum Tod verurteilt am Kreuz hängt, da verflucht er seine Ankläger, seine Peiniger und seine Henker nicht, sondern er bittet für eben diese Menschen: «Vater, vergib ihnen! Denn sie wissen nicht, was sie tun.» (Lk 23,34) Zugespitzter und konkreter kann man nicht zum Ausdruck bringen, was es heißt, dass der in Jesus erschienene neue, aus der Liebe lebende Mensch den alten, von der Sünde beherrschten Menschen überwunden hat. In äußerster Verdichtung verdeutlicht diese Szene, was es heißt, nicht mehr in den Zwängen der menschlichen Ursünde gefangen, sondern zu einem Leben aus dem Geist der Liebe frei zu sein.

Lösegeld meint den Weg der Erlösung

Hier erst wird deutlich, was gemeint ist, wenn Jesu Tod mit dem Blick auf den Menschen als Lösegeld bezeichnet wird. Es ist weder an Gott noch an böse Mächte etwas zu bezahlen. Mit dem Lösegeld ist das Mittel oder der Weg genannt, der den Menschen aus seiner Gefangenschaft und Befangenheit in der Ursünde befreit und zu einem freien Leben aus der Kraft der Liebe erlöst. Mit Jesu Lebenszeugnis, das in seinem Tod gipfelt, ist dieses Leben aus der Liebe Gottes für jeden Menschen möglich geworden. Wie das möglich ist, sagt Paulus im 1. Korintherbrief (5,17): «Wer aber dem Herrn anhängt, ist ein Geist mit ihm.» Wenn jemand in Christus ist (= aus Jesu Geist lebt), so ist er eine neue Schöpfung – ein neuer Mensch – geworden. In dieser Weise vollzieht sich unsere Erlösung, jene Erlösung, um die wir auch im Vaterunser bitten: «Erlöse uns von dem Bösen.» Aus anderer Sicht wird diese Erlösung als unsere Versöhnung mit Gott bezeichnet.

Im Mittelalter wird eine Weiche gestellt

Die Tendenz zur Vereinheitlichung

In den biblischen Texten ist also eine Vielzahl von unterschiedlichen Versuchen zu finden, den Tod Jesu in seiner Bedeutung für den Menschen zu deuten. Es ist nicht nötig, alle Deutungsmodelle und deren Varianten darzustellen. Bereits in der frühen Kirche ist die Tendenz erkennbar, zu einer möglichst einheitlichen Deutung zu kommen. Die Kurzformel «Jesus ist als Opfer für unsere Sünden gestorben» kann man bereits als Ausdruck eines dominierenden Gedankens verstehen.

Die Abendmahlspraxis fördert die Opfervorstellung

Die sich bildende Abendmahlspraxis hat im Volksbewusstsein bereits früh dazu beigetragen, den Tod Jesu als Opfer für unsere Sünden in den Rang eines normativen Verständnisses zu heben. Sie hat außerdem dazu beigetragen, die Symbole der Handlung und damit den Vorgang selbst zu vergegenständlichen. Diese Entwicklung hing nicht zuletzt damit zusammen, dass sowohl im Judentum wie auch in den hellenistischen Religionen Opferkulte praktiziert wurden und allen Bewohnern des Römischen Reiches vertraut waren. Das Opferritual des Abendmahls bot den bisherigen Anhängern anderer Religionen einen universellen Zugang zum Christentum, ohne dass sich der Einzelne persönlich und existenziell auf die Botschaft und die Herausforderung durch die dienende Liebe einlassen musste.

Die germanische Deutung des Opfertodes Jesu

Als die Christusbotschaft von der hellenistischen in die germanische Kultur vordrang, musste sie auch hier – um verständlich zu sein – in die Denkweise der germanischen Stämme eingeholt und darin zur Sprache gebracht werden. Für das Verständnis des Todes Jesu hat der einflussreiche Theologe Anselm von Canterbury um 1100 eine für die westliche Christenheit entscheidende Weiche gestellt. Anselm, der die Denknotwendigkeit der kirchlichen Dogmen zu beweisen suchte, verband in seiner Schrift «Cur Deus Homo?» – «Warum wurde Gott Mensch?» die christliche Erbsündenlehre mit jener Rechtsordnung, die im germanischen Lehnswesen verankert war.

Nach germanischem Verständnis bestand die (Erb-)Sünde des Menschen darin, Gott den geschuldeten Gehorsam zu verweigern. Diese Verweigerung des Gehorsams verletzte nicht nur die Ehre Gottes, sie zerstörte zugleich die göttliche Weltordnung. Es gab nur zwei Möglichkeiten, die Ehre Gottes und die gestörte Weltordnung wieder herzustellen: Entweder musste der Mensch bestraft, d. h. die Menschheit musste vernichtet werden, oder es musste eine angemessene Genugtuung/Satisfaktion geleistet werden. Gott konnte aber die Menschen nicht vernichten, weil er damit seine eigene Schöpfung vernichtet hätte. Ebenso wenig konnte er auf eine Strafe verzichten, weil er damit seine eigene Weltordnung umgestoßen hätte. So blieb nur der Weg der Satisfaktion. Aber gerade dazu war der sündige Mensch gar nicht in der Lage, da sein Tun an die Ehre Gottes nicht heranreichte. Die Genugtuung, welche die Ehre Gottes und die Weltordnung wieder herzustellen vermochte, konnte nur von jemandem geleistet werden, der ganz Mensch, aber als Mensch zugleich sündlos, d. h. auch von göttlicher Art, war. Jesus war dieser Gottmensch, und sein Heilswerk bestand nach Anselm darin, stellvertretend das zu leisten, was kein sündiger Mensch zu leisten vermochte.

In diesem Denkmodell ist Jesu Kommen und Erlösungswerk ganz und gar auf das Opfer seines Lebens am Kreuz ausgerichtet. Dieses Verständnis des Todes Jesu als eines notwendigen Opfertods für alle Menschen hat sich in der westlichen Christenheit durchgesetzt, obwohl sich die dahinter stehende Gottesvorstellung bereits durch die Reformation grundlegend geändert hatte.

Übersetzung ist nötig

Anselm von Canterbury hat im Denkgefüge der Germanen das geleistet, was auch Paulus im Blick auf seine hellenistischen Hörer vollzogen hat. Beide haben den Tod Jesu in jenen Formen des Denkens und der Sprache zu deuten gesucht, die ihren jeweiligen Hörern vertraut waren. Diese Umformung bleibt notwendig, damit eine Botschaft, die ja stets mit den Mitteln einer bestimmten Kultur ausgedrückt werden muss, in einer anderen Kultur ebenfalls verstehbar und plausibel ist. Die aus dem hellenistischen Denken kommende Vorstellung, wonach Jesus durch seinen Tod die Menschen losgekauft hat, stellte Anselm (als nicht vermittelbar) zurück und ersetzte sie durch eine im germanischen Denken plausible Deutung. Danach hat Jesus durch seinen Tod gegenüber Gott die stellvertretende juristische Genugtuung für die menschliche Sünde geleistet.

Ein Denkmodell wird zum Faktenwissen

Hinter dieser Deutung steht das Konzept Anselms, die Vernünftigkeit des christlichen Glaubens darzutun. Dieses Ziel erreichte er im Horizont germanischen Weltverstehens geradezu perfekt – freilich um einen hohen Preis. Das zeigt sich im Vergleich mit den Übersetzungsleistungen des Apostels Paulus. Paulus hat unterschiedliche Denkmodelle der hellenistischen Welt zu Hilfe genommen, um anzudeuten, was der Tod Jesu für uns Menschen bedeutet. Die Vielfalt seiner Deutungsversuche zeigt an, dass er über Jesu Tod keine eindeutigen Faktenaussagen machen kann und machen will. Er benutzt die seinen Hörern vertrauten mythischen Vorstellungen, Metaphern und Bilder, weil er weiß, dass wir über religiöse Wirklichkeiten nicht anders als in vielgestaltigen symbolischen Hinweisen sprechen können.

Anselm hingegen setzt beim Verständnis des Todes Jesu an die Stelle hinweisender Symbole ein objektives Faktenwissen, das (freilich nur) im germanischen Denken als logisch zwingend erscheint. In theologiegeschichtlicher Sicht ist das ein qualitativer Sprung von der symbolischen Sprache zur Faktensprache, von der hinweisenden zur vergegenständlichenden Rede/Aussage. Anselm vollzieht hiermit für die westliche Christenheit den folgenschweren Schritt von der vielgestaltigen symbolisch-metaphorischen Interpretation hin zu einer eindeutigen rationalen Faktenaussage über objektive Tatbestände. Er reduziert die vielen biblischen Deutungsansätze des Todes Jesu auf eine einzige, in juristischen Vorgaben begründete, rationale und eindeutige Totalerklärung, die den Anspruch erhebt, den Kreuzestod Jesu als im objektiven Sinn unumgänglich zu erweisen. Der Tod Jesu und seine Heilswirkung wird damit zu einem verfügbaren Satzwissen.

Sühneopfer-Vorstellungen haben ihre Plausibilität verloren

Unsere Zeit teilt die juristischen Vorgaben und sozialen Selbstverständlichkeiten der Zeit Anselms (um 1100) nicht mehr. Deshalb ist für uns die im germanischen Rechtsdenken eingebettete Logik von Anselms Argumentation weder einsichtig noch plausibel und schon gar nicht zwingend. Von unseren gegenwärtigen Denkgewohnheiten her ist uns ein Gott nicht vorstellbar, der für die Errettung der Menschen ein Menschenleben fordert. Eine Faktenaussage dieser Art ist für viele Zeitgenossen geradezu zum Ärgernis, ja sogar zu einem Argument gegen den christlichen Glauben geworden. Angesichts dieser als Faktenaussage verstandenen Sühnetheorien schreibt der Philosoph Herbert Schnädelbach, Sohn eines methodistischen Pfarrers, die Rechtfertigung sei im Christentum zu einem «blutigen Rechtshandel» verkommen. Andere ereifern sich über einen «Henkergott, der auf Blut steht» und über einen «despotischen, patriarchalischen Vater», der «sadistische und kannibalische Züge» trägt.

Es bleibt die Frage, wie Jesu Tod zu deuten ist

Auch abgesehen von diesen Formen der Entrüstung stellt sich heute, wie zu jeder Zeit, die Frage, wie Jesu Tod im Gesamtzeugnis seines Lebens verstanden werden kann. Im Neuen Testament begegnen uns verschiedenartige Deutungsversuche in unterschiedlichen symbolischen Denkmodellen. Gegenwärtiges Welt- und Gottesverständnis sperrt sich gegen alle Varianten einer Deutung des Todes Jesu als eines notwendigen Sühneopfers. Lassen wir diese Deutungen als historisch bedingte Denkmodelle zunächst ohne Entrüstung stehen. Dann sind wir für die Frage aufgeschlossen, ob wir im Neuen Testament auch Deutungen des Todes Jesu finden, die nicht von der Opfervorstellung geprägt sind.

Jesu Sterben als Offenbarung der göttlichen Liebe

Johannes lässt das antike Sühneopfer-Denken hinter sich

In den johanneischen Schriften finden wir ein Verständnis des Todes Jesu, das nicht im jüdisch-hellenistischen Sühneopfer-Denken befangen ist. Damit ist nicht gesagt, dass Jesu Tod im Johannesevangelium keine Rolle spielte. Im Gegenteil, in keinem anderen Evangelium wird der Tod Jesu so oft erwähnt wie hier. Aber eben nicht im Sinne eines notwendigen Opfertodes nach jüdischem oder hellenistischem Verständnis.

Das Beispiel der Fußwaschung

Ganz äußerlich fällt schon auf, dass das Johannesevangelium jene Geschichte vom letzten Abendmahl, wie sie in den anderen Evangelien vorliegt, nicht kennt. (Dieses letzte Abendmahl hat man später auf Jesu Tod bezogen, als Einsetzung einer kultischen Opferhandlung verstanden und entsprechend zum Sakrament ausgebaut). Im Johannesevangelium finden wir stattdessen eine Geschichte, die berichtet, wie Jesus nach dem Mahl die Füße der Jünger wäscht. Die Geschichte enthält keinerlei Hinweis auf Jesu Tod, schon gar nicht auf seinen Opfertod.

Die Fußwaschung entstammt dem Symbolfundus der orientalischen Gastfreundschaft. Hier galt es als ein Zeichen der Ehrerbietung, dass ein Sklave dem ankommenden Gast die Füße wusch. Wenn nun Jesus diesen «niedrigen Dienst» in einer Zeichenhandlung an seinen Jüngern vollzieht, so sagt er damit: Mein Auftrag in dieser Welt besteht darin, die dienende Liebe als das innerste Wesen Gottes offenbar zu machen und sie allen Menschen als Lebensmöglichkeit zu eröffnen. Im Blick auf die Jünger fügt er klärend hinzu: «Denn ein Beispiel habe ich euch gegeben: Wie ich euch getan habe, so tut auch ihr.» (Joh 13,15) Das kann man als eine Art Vermächtnis verstehen. Aber es geht dabei nicht darum, das Waschen der Füße als Kulthandlung fortzuführen, sondern selbst aus der Liebe zu leben, die er durch sein Vorbild offenbar gemacht hat. In die gleiche Richtung weist auch der Satz aus den Abschiedsreden: «Wie ich euch geliebt habe, so sollt auch ihr einander lieben.» (Joh 13,34) Und punktgenau formuliert der 1. Johannesbrief den Zusammenhang zwischen der in Jesus offenbar gewordenen Liebe Gottes und dem Leben der Menschen: «Gott ist Liebe, und wer in der Liebe bleibt, bleibt in Gott und Gott bleibt in ihm.» (1 Joh 4,16b) In diesem Verständnis Jesu und seiner Sendung ist für irgendwelche Sühneopfervorstellungen keinerlei Bedarf und auch kein Platz.

Licht der Welt

Nach dem Johannesevangelium ist Jesus nicht in die Welt gesandt worden, um sich als Sühneopfer darzubringen, sondern um die Welt aus der Finsternis ins Licht zu führen und die Menschen aus dem Tod ins Leben zu holen, und zwar nicht irgendwann nach ihrem Sterben, sondern schon jetzt in ihrem irdischen Dasein. Der Sendungsauftrag Jesu kann deshalb auch in dem Satz zum Ausdruck gebracht werden: «Ich bin das Licht der Welt.» (Joh 8,12a) Aber bei diesem einzigen Licht soll es nicht bleiben. Dieses Licht – als ein Leben aus der Liebe – soll weiterstrahlen und Welt und Menschenleben erhellen, und zwar durch Menschen, die sich wie Jesus von der Liebe leiten lassen und ihr Leben und ihr Miteinander aus seinem Geist gestalten. Das drückt auf das Kürzeste der Satz aus: «Wer seinen Bruder liebt, bleibt im Licht.» (1 Joh 2,10) und – so könnten wir ergänzen – der verbreitet das Licht Gottes, das als Liebe konkret wird. Mit diesem Licht der Liebe erhellt zu sein und dadurch auch das Leben anderer zu erhellen, das bedeutet nach Johannes: aus dem Tod ins Leben gekommen zu sein. In diesem Sinne heißt es: «Wir wissen, dass wir aus dem Tod ins Leben hinübergeschritten sind, denn wir lieben einander. Wer nicht liebt, bleibt im Tod.» (1Joh 3,14) Das sagt sehr klar, dass wir durch Liebe zum Leben befreit werden und nicht erst durch ein Sühneopfer, das ein anderer für uns vollziehen muss.

Gesandt, um Leben zu bringen

Von diesem Grundgedanken her erhält der Tod Jesu bei Johannes seine eigene Bedeutung. Diese ergibt sich aus dem, was Johannes als den Sendungsauftrag Jesu sieht. Dazu sagt er: «Denn so hat Gott die Welt geliebt, dass er den einzigen Sohn gab, damit jeder, der an ihn glaubt, nicht verloren gehe, sondern ewiges Leben habe.» (Joh 3,16) Dieses «Gott gab seinen Sohn» steht wohl am Beginn des Lebenswegs Jesu, aber es bezieht sich nicht exklusiv auf dessen gewaltsames Ende, sondern auf alle Schritte seines Lebenswegs. Gott «gab» seinen Sohn nicht zum Sterben in die Welt, sondern damit er durch seine Art zu leben die Liebe als das Wesen Gottes offenbar mache und so Menschen zum Leben bringe. An Jesus zu glauben, heißt schlicht, sich von der Kraft der von ihm gelebten Liebe erfüllen zu lassen. «Wer (in diesem Sinne) an den Sohn glaubt, hat ewiges Leben.» (Joh 3,36) Mit anderen Worten: Wo diese Liebe geschieht, da tritt Ewigkeit als die Gegenwart Gottes in unsere Zeit. «Ewigkeit» ist in diesem Sprachgebrauch nicht Zeitangabe, sondern die durch Gottes Liebe qualifizierte menschliche Lebenswirklichkeit. Umgekehrt gilt aber auch hier: Wer sich dieser Liebe verschließt und sich von den Impulsen seiner Eigensucht leiten lässt, der bleibt in der

Gottesferne, der bleibt (in der Symbolsprache des Johannes) in der Finsternis und im Tod.

Ein Blick auf das letzte Wort Jesu am Kreuz im Johannesevangelium bestätigt, dass sein Tod weder glorifiziert noch als Höhepunkt oder gar als Ziel seiner Sendung hervorgehoben wird. Die Botschaft des Sterbens Jesu ist die gleiche Botschaft wie die seines Lebens. Das letzte Wort Jesu lautet nach Joh 19,30: «Es ist vollbracht/zum Ziel gekommen.» Das bezieht sich nicht exklusiv auf sein Sterben, sondern auf sein gesamtes Leben, zu dem auch das Sterben als die letzte Etappe dieses Lebens gehört. Man wird also in diesen Satz weder hineinlesen dürfen: «Das Leiden ist überstanden», noch: «Jetzt erst ist mit meinem Tod das Entscheidende geschehen».

Jesu Tod – ein Werk der Menschen

Zu fragen ist allerdings, ob es nicht in der Konsequenz seines Auftrags lag, auf diese gewaltsame Weise zu Tode gebracht zu werden. Im Prolog wird Jesus angekündigt mit «Und das Licht scheint in der Finsternis.» (Joh 1,5) Freilich: «Die Menschen liebten die Finsternis mehr als das Licht.» (Joh 3,19) Wo nun das Licht, das er verkörperte, mit jener Finsternis (= Gottesferne) zusammenstieß, in der Menschen leben, da musste es zum Konflikt kommen, zumal dann, wenn die Macht in der Hand derer lag, die das Licht nicht ertragen konnten. Die Verantwortlichen der jüdischen Religion erweisen sich in dieser Sicht als die mächtigen Vertreter der gottesfernen Welt, die in Finsternis liegt; denn zu wiederholten Malen heißt es, dass sie ihn zu töten trachteten. Zweimal wird von Versuchen der Juden gesprochen, ihn zu steinigen (Joh 8,59 und 10,31ff). Und warum wollten sie ihn töten? Eben deshalb, weil sie genau das aus ihrer Mitte wegschaffen wollten, was sein Sendungsauftrag war, nämlich mit seinem Leben und Wirken das Wesen Gottes als Liebe offenbar zu machen. Jesus sagt von sich: «Ich und der Vater sind eins.» (Joh 10,30) oder «Wer mich gesehen hat, hat den Vater gesehen.» (Joh 14,9) Die Juden wiesen das als Anmaßung zurück und entgegneten ihm: «... steinigen wir dich ... wegen Gotteslästerung; weil du, ein Mensch, dich zu Gott machst.» (Joh 10,33) Das Entscheidende ist hier nicht die Konfrontation mit der jüdischen Religion, sondern der grundsätzliche Konflikt zwischen Licht und Finsternis. Die jüdischen Religionsführer als die historischen Gegenspieler stehen in ihrer ablehnenden Haltung gegenüber Jesus repräsentativ für Welt und Finsternis schlechthin. Im Verhalten der jüdischen Oberen, die blind sind für das «Licht der Welt», wird die Grundhaltung des Menschen sichtbar, der in der Finsternis und damit im Tod gefangen ist.

Der Konflikt zwischen Licht und Finsternis war und ist unausweichlich. Dass er mit dem gewaltsamen Tod Jesu endete, ist hingegen nicht notwendig, sondern in den damaligen Machtverhältnissen begründet. Wo immer Menschen an ihrer Blindheit und Finsternis hängen und nicht die Freiheit haben, sich dem Licht auszusetzen, da werden sie zwangsläufig alles tun, um dieses Licht auszulöschen. Insofern kann man sagen «musste Jesus sterben»; aber nicht, weil es von Gott so gewollt war oder weil Jesus den Tod gesucht hätte, sondern weil die historischen Gegebenheiten und Machtverhältnisse eben diese Entwicklung nahelegten und zuließen, und weil Menschen diesen Tod wollten.

Das uns vorliegende Johannesevangelium ist nicht als einheitlicher Entwurf zu verstehen. Es ist mehrfach bearbeitet und ergänzt worden. Dabei sind auch an vielen Stellen wieder Sühneopfer-Vorstellungen eingetragen worden, die gedanklich in das Grundkonzept nur schwer zu integrieren sind und hier auch nicht näher verhandelt werden sollen.

Der gute Hirt

Hervorzuheben ist schließlich noch eine Deutung des Todes Jesu durch das Gleichnis von Jesus, dem guten Hirten (Joh 10). Der gute Hirt ist als Bild für das Verhältnis des Herrschers zu seinem Volk im gesamten alten Orient, in der griechischen Antike und auch in der alttestamentlichen Tradition tief verankert. Im Gleichnis wird herausgehoben, was der rechte Hirt im Vergleich mit dem bezahlten Knecht für die leistet, die ihm anvertraut sind: Er leitet sie auf sicheren Wegen, damit sie weder abstürzen noch sich verlaufen, noch verloren gehen (Joh 10,4); er führt sie zur Weide (Joh 10,9), d. h. er sorgt dafür, dass sie nicht hungern müssen; vor allem aber: Er schützt sie vor den Wölfen. Hier unterscheidet sich der gute Hirt vom «Mietling», dem bezahlten Knecht. Dieser flieht nämlich, wenn er den Wolf kommen sieht. Im Gegensatz zum Mietling lässt der gute Hirt seine Schafe dort nicht im Stich, wo ihnen Gefahr droht, sondern verteidigt und schützt sie unter Einsatz seines Lebens gegen alle Feinde, gerade dort, wo sie sich selbst nicht wehren und schützen können. In diesem Eintreten für die ihm Anvertrauten zeigt und bewährt sich das wechselseitige Vertrauensverhältnis zwischen Hirt und Herde, wie es für Jesus charakteristisch ist.

Historisch gesehen, hätte Jesus bei Gefahr entweichen können. Damit hätte er allerdings aufgehört, Licht der Welt zu sein. Er aber blieb Licht, das auch in der tiefsten Dunkelheit noch leuchtete, indem er sich selbst vor seinem Richter Pilatus frei dazu bekannte: «Ich bin ein König (aber mein Königtum ist nicht von dieser Welt). Ich bin dazu geboren, und dazu bin ich in die Welt gekommen, dass ich für die Wahrheit Zeugnis ablege.» (Joh 18,37) Selbst noch in seiner Todesstunde blieb er seinem Auftrag treu, Gottes Liebe sichtbar zu machen. Für die, die ihn gepeinigt, ans Kreuz genagelt und verspottet hatten, bat er seinen Vater: «Herr, vergib ihnen! Denn sie wissen nicht, was sie tun.» (Lk 23,34) Vom Kreuz herab vertraute er seine Mutter einem Jünger an (Joh 19,26f). Diese Deutung des Todes enthält keinerlei Hinweis auf ein Sühneopfer. Indem Jesus bis zu seinem Ende konsequent dabei blieb, Gott als Liebe zu bezeugen, deckte er auf, wie Menschen sind und sich verhalten, die in der Finsternis ihrer Ich-Gefangenschaft leben. Jesu Tod konfrontiert auch die Lesenden und die Hörenden mit seinem eigenen Wesen und stellt sie sehr persönlich vor die Alternative: Finsternis oder Licht, Tod oder Leben, Selbstbehauptung oder hingebende Liebe.

Weinstock und Freundesethos

Im Gleichnis vom guten Hirten wird Jesu Tod als die äußerste Möglichkeit hingebender Liebe vor Augen gestellt. Die Grundhaltung darin entspräche der eines Schiffskapitäns, der in höchster Seenot seines Schiffes sein eigenes Leben aufs Spiel setzt, um den letzten Passagier und das geringste Mitglied seiner Besatzung zu retten.

Im Zusammenhang mit Jesu Bildrede vom Weinstock begegnet uns noch eine weitere Variante der Deutung des Todes Jesu, die ebenfalls kein Element einer Sühneopfer-

Vorstellung enthält. Das Verhältnis Jesu zu seinen Jüngern wird hier in der Ebene der Freundschaft gesehen. «Ihr seid meine Freunde.» (Joh 15,14) Das erweist sich dort, wo Menschen in der Liebe bleiben, die sie durch Jesus erfahren haben. Jesus sagt: «Wie mich der Vater geliebt hat, so habe auch ich euch geliebt ... Dass ihr einander liebt, wie ich euch geliebt habe.» (Joh 15,9.12). Und in dieser Gemeinschaft der Liebe gilt: «Niemand hat größere Liebe als wer sein Leben einsetzt für seine Freunde.» (Joh 15,13) In der Ballade «Die Bürgschaft» veranschaulicht Friedrich Schiller eine Facette dieses fraglosen Vertrauens zwischen Freunden, wie es dem antiken Freundesethos entspricht. Im Zusammenhang mit der Bildrede vom Weinstock wird dieses Freundesethos als Modell aufgenommen, mit dem Jesu Tod als Einssein mit seinen Freunden bis hin zum Einsatz des Lebens als Vollendung seiner Liebe verstanden wird. Fernab von jeder Sühneopfer-Theorie wird damit gezeigt, dass darin Gottes Liebe als Licht der Welt bis in die tiefste Erniedrigung eines schändlichen Verbrechertodes durchgehalten wird.

Zeugen des Lichts in einer Welt der Finsternis

Jesus versteht seinen Lebensweg in dieser Welt nicht als das Außerordentliche, das einmalig bleiben sollte; er sieht vielmehr alle, die in seiner Nachfolge die Liebe Gottes in der Welt offenbar machen, in den gleichen Horizont gestellt. So sagt er: «Wenn die Welt euch hasst, so bedenkt, dass sie mich vor euch gehasst hat ... Haben sie mich verfolgt, so werden sie auch euch verfolgen ... ja, es kommt sogar die Stunde, da jeder, der euch tötet, Gott einen Dienst zu erweisen meint.» (Joh 15,18–16,2) Unter den damaligen religiösen und politischen Machtverhältnissen wird auch der Christusnachfolger, sofern man ihn als Zeugen des Gottes der Liebe wahrnimmt, in die gleiche Dynamik von Ablehnung und Verfolgung geraten wie Jesus. Die Verfolgung Jesu und sein Tod wie auch der vieler seiner Jünger erweist sich als etwas geradezu Zwangsläufiges überall dort, wo Licht und Finsternis aufeinandertreffen und wo die Macht in den Händen einer wie auch immer gearteten Finsternis liegt.

Es gibt keine normativ richtige Deutung des Todes Jesu

Wir konnten feststellen, dass es im Neuen Testament viele unterschiedliche Deutungen des Todes Jesu gibt. Die Mehrheit dieser Deutungen ist mit Sühneopfer-Vorstellungen verbunden. Daneben gibt es freilich auch Deutungen, die den Gedanken eines Sühneopfer-Todes nicht enthalten oder ihn sogar ausschließen. Daraus ist zu folgern, dass es innerhalb der ersten Christengenerationen die normativ richtige Deutung des Todes Jesu nicht gab. Bleibt also zu fragen, wie der historische Jesus selbst seinen bevorstehenden Tod verstanden hat.

Der historische Jesus und die ersten Jüngergenerationen

Hat Jesus seinen Tod gedeutet?

Im Christusverständnis aller heutigen Kirchen spielt der Tod Jesu im Sinne eines Sühneopfers für das Heil der Menschen eine zentrale Rolle. Im Gegensatz zu dieser Einstimmigkeit finden wir im Neuen Testament zu diesem Verständnis keine Äußerungen, die sich auf Jesus selbst zurückführen lassen. Einen Hinweis scheint das Jesuswort Mk 10,45 zu geben. Dort heißt es: «Denn auch der Menschensohn ist nicht gekommen, um sich dienen zu lassen, sondern um zu dienen.» In dieser Weise wird der Auftrag Jesu an vielen Stellen formuliert. Hier aber wird noch angefügt «und sein Leben hinzugeben als Lösegeld für viele». Das klingt so, als habe der Sendungsauftrag Jesu darin bestanden, sich nach antiker Vorstellung als Lösegeld zu opfern, um die Menschen aus ihrer Schuld und ihrer Verfallenheit an die Macht der Sünde freizukaufen. Diese Vorstellung vom Lösegeld ist ja tatsächlich eine der (bereits beschriebenen) Deutungsvarianten des Todes Jesu. Aber diese Lösegeld-Deutung ist sonst an keiner anderen Stelle mit dem Gedanken des Dienens kombiniert, der sich ja auf das gesamte Leben Jesu bezieht und nicht nur auf seinen Tod. Aus dieser Beobachtung lässt sich schließen, dass der Lösegeldgedanke von einem Redaktor erst später hinzugefügt wurde. Diese Form der Bearbeitung lässt sich an vielen Stellen des Neuen Testamentes nachweisen. Nach den neutestamentlichen Zeugnissen ist jedenfalls nicht zu erkennen, dass Gott sein vergebendes Handeln an irgendeine Form der Lebenshingabe Jesu gebunden hätte. Der historische Jesus hat auch nirgendwo angedeutet, dass er seinen Tod als das alles entscheidende Sühnegeschehen verstanden hat.

Frühe Kritik des Opferwesens

Der Sühneopfer-Gedanke war in der gesamten Alten Welt und auch im Alten Testament in der Gestalt des Opferkults fest verwurzelt. Bereits die ältesten Propheten übten daran grundsätzliche Kritik. Der Prophet Hosea (Mitte des 8. Jh.

v. Chr.) ruft sein Volk zur Buße mit dem Satz auf: «Denn an Treue habe ich Gefallen und nicht an Schlachtopfern und an Gotteserkenntnis mehr als an Brandopfern!» (Hos 6,6) Dieses Wort nimmt Jesus auf, als er sein dienendes und helfendes Handeln beim Mahl mit den Zöllnern (Mt 9,13) und das Ährenraufen seiner Jünger am Sabbat (Mt 12, 7) verteidigt und begründet.

Der Prophet Ezechiel, der mit den ersten Deportierten nach Babylonien gekommen war, wendet sich schon Anfang des 6. Jh. v. Chr. gegen die Vorstellung, dass einer für die Schuld der anderen einstehen könnte. Er sagt: «Derjenige, der sündigt, der muss sterben.» (Ez 18, 4) Jeder hat für seine Schuld einzustehen, weil jedes Leben unmittelbar zu Gott steht und nicht mit den Leistungen eines anderen verrechnet werden kann. Ezechiel versteht das heile Leben als unmittelbare Gabe Gottes, das keine zusätzlichen Opfergaben erfordert. Er schreibt: «Und ich werde euch ein neues Herz geben … Und meinen Geist werde ich in euer Inneres legen.» (Ez 36,26f)

Jesus lässt das Opferdenken hinter sich

Ein Leben aus dem Geist Gottes – diesen Horizont hat Jesus durch seine Person weit geöffnet. Die Geschichte von der Fußwaschung (Joh 13) macht deutlich, dass heiles Leben dort gegeben ist, wo Menschen sich vom Geist der göttlichen Liebe erfüllen lassen und daraus handeln. Mit den Worten des Johannesevangeliums: «Wie ich euch geliebt habe, so sollt auch ihr einander lieben.» (Joh 13,34) Jesus war kein Bilderstürmer. Das Opferwesen seiner jüdischen Religion attackierte er nicht grundsätzlich, sondern eher am Rande (Tempelreinigung Mt 23,10–13). Aber dem

Gedanken eines stellvertretenden Opferhandelns gab er in seiner Heilsverkündigung offenbar keinen Raum mehr. Nicht zufällig ist in der Vergebungsbitte des Vaterunsers «Vergib uns unsere Schuld, wie auch wir vergeben unseren Schuldigern.» (Mt 6,12) ein stellvertretendes Opferdenken ausgeschlossen. Vielmehr, wo Menschen aus erfahrener Vergebung selbst zur Vergebung stark sind und wo Menschen aus empfangener Liebe selbst zur Liebe fähig sind, da geschieht der Wille Gottes, da ereignet sich Heil, da leuchtet göttliches Licht auf, da sind Menschen aus dem Tode ins Leben gekommen. Im Apostolischen Glaubensbekenntnis, das seit Anfang des 5. Jahrhunderts in seiner heutigen Form schriftlich belegt ist und das bis heute in nahezu allen christlichen Kirchen gültig ist, wird der Tod Jesu deutlich erwähnt, aber nicht als stellvertretender Sühnetod qualifiziert.

In der Kirche setzt sich die Opferlogik der Alten Welt wieder durch

In der Geschichte der Kirche wurde das Selbstverständnis Jesu bald vielfach mit Deutungen seines Todes überlagert, die der Opfertradition des Judentums und des religiösen Umfelds entstammten. Das Interpretationsmodell des Sühnetods und der Opferung war für jüdisches Denken ebenso plausibel wie für Menschen, denen die griechischen Opfermythen und die Mysterienkulte der hellenistischen Welt vertraut waren. Die Kirche ist damit wieder in das Denkschema jener alten Opferlogik zurückgefallen, die Jesus gerade überwunden hatte. Man muss freilich auch sehen, dass gerade der Opfergedanke wegen seiner allenthalben vorgegebenen Selbstverständlichkeit für viele Menschen aus anderen Religionen und Kulturen die Brücke zum Christentum bildete. Dieser Rückfall in die Opferlogik der antiken Welt mag Entwicklungen zwar erklären, vermag sie aber auf Dauer nicht zu rechtfertigen. Denn ein Glaube, der sich von Jesus Christus her versteht, muss jederzeit dazu bereit sein, sich neu an ihm zu orientieren und auszurichten.

Welche Deutung soll gelten?

Orientierung an den Anfängen?

Nach volkstümlicher Vorstellung stehen am Beginn der Kirchengeschichte eine Jüngerschaft mit einheitlichen Glaubensvorstellungen und eine Kirche mit einem einheitlichen Gottesdienst, mit gleicher Organisation und mit gleichen Ämtern. Daraus hätten sich dann im Laufe der Geschichte unterschiedliche Kirchentypen entwickelt und voneinander getrennt. Die geschichtliche Wahrheit stellt sich anders dar. Am Anfang steht nämlich nicht die Einheit, sondern die Vielfalt. Eine Einheit in Lehre und Organisation hat es zu keiner Zeit gegeben. Vielmehr hat es je nach dem jeweiligen religiösen und kulturellen Hintergrund regional unterschiedliche Entwicklungen und Ausformungen in der Praxis des kirchlichen Lebens und des Christusverständnisses gegeben. Die dargestellten unterschiedlichen Deutungen des Todes Jesu veranschaulichen diese anfängliche Vielfalt.

Ausformungen unterschiedlicher Glaubenskonzepte und Kirchentypen

Der griechische Osten

Bereits im 2. Jahrhundert setzten Versuche ein, die regional unterschiedlichen Entwicklungen in der Gestaltung des kirchlichen Lebens und des Glaubensverständnisses überregional abzustimmen und Übereinkünfte dazu herbeizuführen. In den ersten Jahrhunderten war der Osten mit seinem Hintergrund der neuplatonischen Philosophie bei der inhaltlichen und sprachlichen Ausformung des christlichen Glaubens führend und prägend. Die orthodoxe Kirche des Ostens hatte mit der 7. und letzten Ökumenischem Synode 787 ihre aus griechischem Geist geprägte bleibende Gestalt gefunden. Das Zentrum ihrer Theologie und Frömmigkeit hat bereits der Kirchenvater Athanasius († 373) mit der Formel zum Ausdruck gebracht: «Gott wurde Mensch, damit wir vergöttlicht würden.» Dreh- und Angelpunkt orthodoxer Theologie und Glaubenspraxis ist die Liebe Gottes, die im göttlichen Logos Jesus offenbar geworden ist und den Menschen so erfüllen soll, dass er durch sie vergottet, geheiligt, erlöst und zu einem neuen Menschen wiedergeboren wird. Menschwerdung und Auferstehung Christi stehen im Mittelpunkt des Christusverständnisses. Das Sterben Jesu als sühnender Opfertod ist nicht zentral.

Der lateinische Westen

Die lateinische Kirche des Westens ging von den gleichen biblischen Überlieferungen aus, entwickelte sich aber von ihren anderen religiösen, sprachlichen und philosophischen Vorgaben her in eine andere Richtung. Der frühe Anspruch der Gemeinde Roms auf eine Vorrang- und Führungsrolle brachte das altrömische Verständnis von Religion prägend zur Geltung. In den altrömischen Kulten war das Verhältnis zwischen Gott und Mensch in erster Linie ein Rechtsverhältnis. Das Kultwesen war staatlich geregelt. Die staatlich legitimierten Priester waren für den ordnungsgemäßen Vollzug des jeweiligen Kultes zuständig, und sie waren darauf verpflichtet, die Zeremonien des staatlich regulierten Kultes in Wort, Gesten, Kleidung, Ritus, Zeit und Ort genauestens einzuhalten. Hauptverantwortlicher für das Kultwesen in Rom war der *pontifex maximus*, der oberste Priester. Dieses Amt, das auf Lebenszeit verliehen wurde, zogen Cäsar und die römischen Kaiser an sich. Sie hatten damit Zugriff nicht nur auf die priesterlichen Funktionen, sondern auch die Kontrolle und Entscheidungsgewalt über die juristisch-behördlichen Regelungen der Kulte. Auch die ersten christlichen Kaiser führten noch den Titel eines *pontifex maximus*. Funktionen und Titel gingen erst im Laufe des 5. Jahrhunderts auf die römischen Bischöfe und damit auf die Päpste über. Dies alles zeigt, dass die westliche Version des Christentums von seinem altrömischen Erbe her in Theologie und Organisation einen ausgeprägten Rechtscharakter annahm, der den ersten Christengenerationen und dem Christentum des Ostens fremd war. So verstand man im Westen die Sünde des Menschen als die Verletzung eines Rechtsverhältnisses, das Gott zwischen sich und den Menschen gesetzt hatte. Erlösung bedeutete dann die Wiederherstellung des durch die Sünde gestörten Rechtsverhältnisses durch Jesus. Der Tod Jesu als Sühneleistung stellte sich demnach als ein notwendiges Rechtsgeschehen dar. Die Sakramente der Taufe, der Buße und des Abendmahls wurden diesem Rechtsgeschehen zugeordnet und damit selbst zu Rechtsakten, die nur von rechtlich dazu legitimierten Priestern vollzogen werden durften.

Das germanische Mittelalter

Vor diesem Hintergrund ist es gut zu verstehen, dass sich im gesamten Westen Anselms Deutung des Todes Jesu als rechtliche Wiedergutmachung (Satisfaktion) der verletzten Ehre Gottes als normativ durchsetzen konnte, und zwar weit über die Reformation hinaus. Anselms Satisfaktionslehre deutete Jesu Tod im Denkrahmen der herrschenden germanischen Rechtsordnung. Sie war insofern plausibel und allen denen vermittelbar, die in diesen Rechtsverhältnissen lebten. Außerdem war sie auch innerhalb der geistigen Vorgaben der Zeit vernünftig, einleuchtend und von jedermann nachvollziehbar. Jeder Denkversuch hat eben «seine Zeit».

Grundsätzliche Erwägungen

Die Voraussetzungen für Denken und Verstehen ändern sich

Die westliche Welt und ihr Weltverstehen haben sich in den letzten drei Jahrhunderten bis in ihre Grundlagen verändert. Das Verständnis Gottes, des Menschen, ja sogar die Voraussetzungen für unser Denken sind anders geworden. Ein Gott, der ein Menschenopfer fordert, ist heute nicht mehr vorstellbar. Eine Erlösung, die ein Menschenopfer voraussetzt, wird vehement zurückgewiesen. Ist damit die Christusverkündigung zum Scheitern verurteilt und die Rede vom Kreuz unhaltbar geworden? So hätten es manche wohl gern. Das Triumphgeschrei derer, die seit Karl Marx den Untergang der Religion herbeizureden suchen, ist aber ebenso wenig begründet wie Panik bei denen, für die der christliche Glaube Heimat und Geborgenheit bedeutet. Es ist ein ganz normaler, ja ein notwendiger Vorgang, dass eine Religion in einem sich verändernden geistigen Umfeld neue Ausdrucksformen sucht, ja suchen muss. Eine Krise entsteht nur dann, wenn dies nicht geschieht.

Christlicher Glaube muss im Verstehenshorizont der jeweiligen Hörer vermittelt werden

Zur Erinnerung: Als Paulus die Christusbotschaft in die hellenistische Welt trug, musste er sie in die Bilder, Symbole, Metaphern und Denkmodelle übertragen, die seinen Hörern vertraut waren. Die Theologen der ersten Jahrhunderte mussten dem Inhalt des christlichen Glaubens in zeitgemäßen philosophischen Denkformen Ausdruck geben, wenn sie mit den führenden Köpfen in ein Gespräch kommen und ihren Glauben auf der geistigen Höhe ihrer Zeit vermitteln wollten. Die Scholastiker des Mittelalters (wie Anselm von Canterbury), die den christlichen Glauben ihren Zeitgenossen als vernunftgemäß dartun wollten, mussten sich der damals gültigen Denkmethoden und Argumentationsmuster bedienen, um ihr Ziel zu erreichen. Christlicher Glaube muss zu jeder Zeit neu im Verstehenshorizont derer zum Ausdruck gebracht werden, denen er vermittelt werden soll. Dieser Grundsatz jeder menschlichen Kommunikation gilt ohne Alternative.

Deutungen sind kein Faktenwissen

Die Vielfalt der Deutungen des Todes Jesu bereits im Neuen Testament zeigt uns, dass es die alleinverbindliche Deutung nie gab und wohl auch nie geben kann. Das gilt auch für jene Lehre Anselms, nach der Jesu Tod ein stellvertretendes Sühneopfer ist, das Jesus bringen musste, um die durch die menschliche Sünde verletzte Ehre Gottes wieder herzustellen (Satisfaktion). Diese Satisfaktionslehre war in den westlichen Kirchen nahezu ein Jahrtausend lang als plausibel akzeptiert. Das verlieh ihr den Status einer zeitlosen und normativen Wahrheit. Aus dieser einen unter vielen Deutungen ist im Bewusstsein der westlichen Christenheit eine Faktenaussage geworden. Weil sich dieses historisch bedingte Todesverständnis in der Kirche als ein unumstößliches Faktenwissen festgesetzt hat, besteht heute der Eindruck und die Angst, dass Jesu Heilswerk verleugnet wird, wenn wir uns vom Denkschema der mittelalterlichen Satisfaktionslehre verabschieden. Diese Angst ist unbegründet.

Grenzen unseres Erkennens

Die geschwundene Akzeptanz der Satisfaktionslehre erinnert uns nachdrücklich an die Grenzen menschlichen Erkennens. Der sprachliche Ausdruck eines Inhalts darf niemals mit dem Inhalt selbst gleichgesetzt werden. Unsere sprachlichen Symbole und Bilder bleiben menschliche Hinweise auf eine Realität, die wir uns nicht anders als in Symbolen vergegenwärtigen können. Symbole bleiben Symbole und dürfen nicht in den Rang eines Faktenwissens erhoben werden.

Sobald das erkannt ist, gibt es auch keinen Grund mehr, sich über eine «blutrünstige» Opfertod-Vorstellung zu ereifern und diese als «eine grausame, sadomasochistische, patriarchalische Erfindung» zu verdammen, die von einer «abstrakten Omnipotenztheologie» zeugt. Alle Deutungen, auch die des Todes Jesu, sind nur plausibel und verständlich innerhalb des Verstehenshorizonts, in dem sie entwickelt worden sind. Sie lassen sich nicht als zeitlose Satzwahrheiten isolieren und weitergeben; denn Verstehenszusammenhänge und Verstehensbedingungen ändern sich. Die Opfertod-Vorstellung kann das bleiben, was sie immer war, nämlich eine historisch bedingte und für viele Jahrhunderte plausible Deutung des Todes Jesu in einem Denkmodell, das uns heute freilich fremd geworden ist, weil unser Verstehenshintergrund und unsere Denkweisen sich geändert haben.

Keine zeitlos gültigen Deutungen

Wenn wir wissen, dass alle Deutungen – auch die des Todes Jesu – kultur- und zeitgebunden sind, können wir die Deutungen früherer Christengenerationen als historische Ausdrucksformen stehen lassen. Wir müssen sie weder verteufeln noch verteidigen. Es gilt vielmehr, zunächst ihre Aussageabsicht innerhalb der Vorgaben ihrer Zeit zu verstehen. Alle Deutungen gehören zur Auslegungsgeschichte der Kirche. Das gilt auch für unsere heutigen Auslegungen, die ebenfalls einmal zu dieser Geschichte gehören werden.

Die Aufgabe jeder gegenwärtigen Generation besteht darin, die Botschaft Jesu für die eigenen Zeitgenossen so verständlich und so sachgerecht wie möglich zum Ausdruck zu bringen. Dabei können uns Deutungsmuster der Bibel oder der Theologiegeschichte helfen, die bisher im Hintergrund standen. Die opferfreien Deutungsvarianten besonders des Johannesevangeliums zeigen, dass es in biblischer Zeit keine Verpflichtung oder Festlegung gab, das Heil, das uns Jesus gebracht hat, im Modell seines Opfertodes zu denken. Die orthodoxen Kirchen haben die Opfervorstellungen der Satisfaktionslehre des Westens stets zurückgewiesen.

Der Maßstab für angemessene Deutungen

Das menschliche Heil hängt nicht exklusiv am Sterben Jesu und an einer bestimmten Deutung; es entscheidet sich vielmehr daran, wovon und wofür uns Jesus befreit hat. Er hat uns von unserer Selbstsucht befreit zu einem Leben, das sich und sein Umfeld aus dem Geist und aus der Kraft der Liebe gestalten kann. Dies ist nicht erst durch seinen Opfertod geschehen; es ist geschehen in seinem Kommen und in allen Phasen seines Wirkens, in denen er sich in Liebe für uns hingegeben, sich uns geschenkt hat. *Jede Deutung des Kreuzes muss sich daran messen lassen, ob sie jener bedingungslosen Liebe Gottes entspricht, die in Jesu Kommen und Wirken offenbar geworden ist.* Diese inhaltliche Mitte ist der entscheidende Maßstab dafür, ob eine Deutung des Todes Jesu als angemessen gelten kann und seinem Sendungsauftrag entspricht.

Die Plausibilität einer Deutung für die Zeitgenossen kann nicht inhaltlicher Maßstab sein; sie ist allerdings für die Vermittlung wesentlich. Die theologische Legitimität einer Deutung wird auch nicht schon dadurch begründet, dass sie sich aus der Bibel herleiten lässt. *Legitim und angemessen ist jede Deutung des Todes Jesu, die im Einklang mit jener unbedingten Liebe Gottes steht, die uns in Jesus als menschliche Lebenswirklichkeit begegnet, und die uns – sofern wir uns ihr öffnen – den Horizont für ein neues Menschsein und Leben aufschließt.*

Weitere Veröffentlichungen von Helmut Fischer

Maria im Verständnis der Kirchen und die
Gottesmutterikonen.
Michael Imhof Verlag, 2006

Von Jesus zur Christusikone
Michael Imhof Verlag, 2005

DuMont Schnellkurs Christentum.
DuMont Verlag 2. Aufl. 2003

Die Welt der Ikonen. Das religiöse Bild in der Ostkirche
und in der Bildkunst des Westens.
Insel Verlag, 1997